린드그렌

삐삐 롱스타킹의 탄생

지은이 **카트린 하네만**

대학에서 문예학, 연극학, 언론학을 공부했습니다. 연극 무대에서 연출가로 활동했으며, 라디오 프로그램을 만들기도 했습니다. 지금은 베를린에서 작가로 활동하고 있습니다. 인물 이야기 『간디』 『다윈』 『마틴 루터 킹』 『제인 구달』을 썼습니다.

그린이 **우베 마이어**

영국과 독일에 살면서 일러스트레이터로 활동하고 있습니다. 『간디』 『다윈』 『마틴 루터 킹』 『제인 구달』에 그림을 그렸습니다.

옮긴이 **윤혜정**

성신여자대학교 심리학과를 졸업하고, 독일 빌레펠트대학교에서 독일어를 공부했습니다. 독일에서 나온 책을 우리나라에 소개하고 번역하는 일을 합니다. 옮긴 책으로 『지구마을 어린이 요리책』 『제인 구달』 『썩은 모자와 까만 원숭이』 『반다 할머니』 『마녀 할머니의 선물』 들이 있습니다.

한겨레 인물탐구 · 8

린드그렌 삐삐 롱스타킹의 탄생

초판 1쇄 발행 2012년 2월 27일 | 3쇄 발행 2017년 9월 14일

지은이 카트린 하네만 | **그린이** 우베 마이어 | **옮긴이** 윤혜정
펴낸이 이상훈 | **기획편집** 박상육 염미희 최연희 신은선 | **디자인** 골무
마케팅 조재성 천용호 한성진 정영은 박신영 | **경영지원** 정혜진 장혜정 이송이

펴낸곳 한겨레출판(주) www.hanibook.co.kr | **주소** 서울시 마포구 공덕동 116-25 한겨레신문사 4층
전화 02-6383-1602~3 | **팩스** 02-6383-1610
출판등록 2006년 1월 4일 제313-2006-00003호

ISBN 978-89-8431-549-5 74990
978-89-8431-366-8 (세트)

- 값은 뒤표지에 있습니다.
- 이 책의 일부 또는 전부를 재사용하려면 반드시 저작권자와 한겨레출판(주) 양측의 동의를 얻어야 합니다.
- KC마크는 이 제품이 공통안전기준에 적합하였음을 의미합니다.
- ⚠ 책 모서리에 다치지 않게 주의하세요.

일러두기

- 책 제목과 책 속의 인명, 지명은 스웨덴에서 출간된 책을 기준으로 삼았습니다. 이 책의 독일어판 원서에서 적은 것과 다를 수 있습니다.
- 우리나라에서 출간된 책 제목은 주석과 찾아보기를 통해 확인할 수 있습니다.
- 스웨덴어 표기는 대부분 국립국어원 외래어 표기법을 따랐습니다.

린드그렌
삐삐 롱스타킹의 탄생

카트린 하네만 글 | 우베 마이어 그림 | 윤혜정 옮김

한겨레아이들

| 지은이의 말 |

린드그렌은 누구일까요?

이 사진 한번 볼래요?

한 아주머니가 어떤 소녀를 팔로 감싸고 있습니다. 두 사람 모두 호기심에 찬 얼굴로 어딘가를 보고 있어요. 무엇을 보고 있는지는 모르겠네요. 아주머니는 머리 수건을 썼고, 몸을 약간 숙이고는 살금살금 걷고 있는 것처럼 보여요. 소녀도 그렇고요. 소녀는 평범한 아이 같지는 않아요. 특이하게 땋은 머리에, 주근깨, 웃고 있는 커다란 입, 긴 스타킹에 커다란 신발……. 이제 누군지 알겠어요? 그래요, 소녀는 삐삐 롱스타킹이에요. 실은, 드라마에서 삐삐 역을 연기했던 배우 잉에르 닐손이지요. 아주머니는 삐삐를 만들어 낸 사람이랍니다. 바로 동화 작가 아스트리드 린드그렌이지요.

아스트리드 린드그렌은 세계 최고의 아동문학가 중 한 사람입니다. 아마 세계 최고 중에서도 최고일지도 모르지요. 그가 쓴 동화들은 아이들을 즐겁게 해 주었을 뿐 아니라, 그것보다 훨씬 더 많은 것들까지 이루어 냈답니다.

린드그렌은 사람들이 아이들에 대해 가지고 있는 생각을 바꾸었지요. 아이들이 강하고 씩씩하고 용감할 수 있으며, 당차고 고집이 셀 수도 있으며, 또 그래도 괜찮다는 것을 여러 동화들을 통해 보여 주었답니다.

린드그렌은 연설을 할 때나 기사를 쓸 때도 아이들의 권리에 대해 말했어요. 바로 이런 권리들이죠.

- 존중받을 권리
- 절대로 맞지 않을 권리
- 자유로울 권리와 어린이로 존재할 권리

린드그렌은 동화로 쓸 이야깃거리를 자신의 어린 시절에서 찾아냈답니다. 린드그렌의 어린 시절은 어떤 모습이었을까요? 그는 어떻게 해서 유명한 작가가 되었을까요? 궁금하다면 계속해서 읽어 보세요.

카트린 하네만

차례

지은이의 말　4

1. 사라진 나라
세상에서 가장 유명한 동화 작가　13
스몰란드의 아이　21
어린 시절의 끝　44

2. 혼자서 당당하게
스톡홀름에서 시작한 새로운 인생　53
놀기 좋아하는 엄마　59

3. 작가가 된 린드그렌

삐삐의 탄생   69

쉬지 않고 쓰다   79

세계 아이들이 함께 읽는 동화   86

4. 동화책을 넘어서

영화가 된 이야기들   99

약자의 편에서   106

고마워요, 린드그렌   115

린드그렌의 삶이 우리에게 준 것들   120

린드그렌 동화에서 찾은 멋진 말들   125

덧붙이는 설명   126

찾아보기   128

1. 사라진 나라

세상에서 가장 유명한 동화 작가

아스트리드 린드그렌은 세상에서 가장 유명한 동화 작가입니다. 어떤 사람들은 그가 모든 분야를 통틀어 세상에서 가장 유명한 작가라고 말하기도 하지요. 린드그렌은 모두 82권의 책을 썼어요. 이 책들은 아프리칸스어를 비롯해 키르기스어, 포르투갈어, 타이어까지 95가지 언어로 번역되었답니다.

어떤 비평가는 린드그렌의 작품을 놓고 이렇게 말하기도 했어요. "북극의 이누이트 아이들, 인도의 정글에 사는 아이들, 이스라엘의 키부츠에 사는 아이들, 그리고 미국의 부유한 저택에 사는 아이들이나 일본의 대나무 집에서 사는 아이들까지 전 세계 모든 아이들이 함께 모여 앉아 삐삐가 경찰관들을 놀린 이야기, 피 많은 소년 탐정 칼레의 이야기, 또 지붕 위의 칼손과 고기 완자 이야기나 수프 단지에 머리가 끼인 개구쟁이 에밀의 이야기로 즐거워할 수 있다."

린드그렌이 쓴 책은 1억 4천 5백만 권 이상 팔렸어요. 수학을 잘하는 어떤 사람이 몇 년 전에 계산해 봤더니, 린드그렌 책들을 한 줄로 나란히 죽 늘어놓으면 지구를 세 바퀴 도는 거리가 될 거래요! 만약 이 책들을 켜켜이 쌓으면 에펠탑을 175개나 만들 수 있답니다. 상상이 되나요? 파리의 진짜 에펠탑은 높이가 320미터예요. 책으로 쌓은 에펠탑 175개라니! 게다가 지금은 에펠탑을 더 많이 만들 수 있을 거예요. 왜냐하면 린드그렌의 책은 해마다 약 2백만 권씩 계속해서 팔리고 있거든요.

2007년은 린드그렌이 살아 있었다면 만 100살이 되었을 해였어요. 그의 100살 생일이 되자 전 세계 사람들이 크게 축하했답니다. 2007년은 아스트리드 린드그렌의 해로 불리기도 했어요. 맞아요, 린드그렌은 정말 유명한 작가랍니다. 어느 정도인지 들어 볼래요?

린드그렌 앞에 여러 나라 말로 번역된 책들이 놓여 있어요.

- 린드그렌은 '올해의 가장 유명한 스웨덴인'으로 몇 번이나 뽑혔어요. 90살에는 '가장 사랑받는 세기의 스웨덴인'으로 뽑히기도 했지요.
- 린드그렌의 생일에는 스웨덴의 왕들과 수상도 함께 축하했어요. 그가 세상을 떠났을 때는 국장(나라에 큰 공이 있는 사람이 죽었을 때 국비로 치르는 장례)이 치러졌지요. 그 전까지는 스웨덴의 왕실 가족이 죽었을 때만 국장을 치렀지요.
- 전 세계 여러 학교와 병원 이름이 그의 이름을 따서 지어졌답니다.

독일에만 170개가 넘는 아스트리드 린드그렌 학교가 있어요.

러시아에서는 『릴레브로르와 지붕 위의 칼슨』❶이 성경 다음으로 가장 많이 알려진 책이랍니다.

로냐와 로타는 린드그렌 책 덕분에 스웨덴에서 가장 사랑받는 여자아이 이름이 되었어요.

린드그렌이 태어난 도시 빔메르뷔에는 린드그렌 동화에 나오는 장소들을 꾸며 놓은 놀이공원이 있답니다. 스톡홀름에는 아스트리드 린드그렌 박물관이 있고요.

영화 〈뢴네베리아의 에밀〉❷을 찍은 농장은 에밀 가족이 사는 농장

빔메르뷔의 뒤죽박죽 별장

이름을 따 '카트풀트 농장'이 되었답니다.

영화 〈우리는 모두 떠들썩한 마을의 아이들〉❸을 찍은 마을 세베드 스토르프에는 날마다 2천여 명의 관광객이 다녀가요.

린드그렌이 태어나고 자란 도시 빔메르뷔에는 훨씬 더 많은 관광객이 다녀가죠. 빔메르뷔에는 아스트리드 린드그렌 길, 떠들썩한 길, 말썽꾸러기 거리❹, 붉은 장미❺ 길이 생겼고, 또 알프레드❻ 길과 미오 길, 살트크로칸 길도 생겼어요.

여러분은 어쩌면 이렇게 유명하면 재미있을 거라고 생각할지도 몰라요. 하지만 린드그렌에게 그런 건 아무 상관이 없었어요. 한번은 이렇게 말한 적도 있었답니다. "아스트리드 린드그렌이라는 사람을 둘러싸고 왜 이렇게 난리인지 정말 이상하다."고 말이에요.

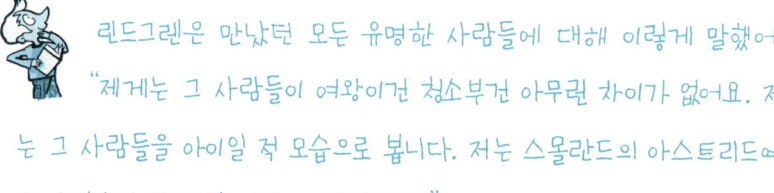

린드그렌은 만났던 모두 유명한 사람들에 대해 이렇게 말했어. "제게는 그 사람들이 여왕이건 청소부건 아무런 차이가 없어요. 저는 그 사람들을 아이일 적 모습으로 봅니다. 저는 스몰란드의 아스트리드예요. 소박한 농부의 딸, 아스트리드랍니다."

린드그렌은 엄청나게 많은 상과 훈장을 받았어요. 동화를 써서 상을 받기도 했지만, 아이들의 권리와 동물보호법의 개선을 위해 노력한 점, 또 전쟁과 원자력에 반대하여 애를 쓴 점으로 상을 받기도 했답니다.

 린드그렌은 제일 처음에 상을 받았을 때가 가장 기뻤다고 말한 적이 있어. 소녀를 위한 소설 공모전에 응모해서 받은 상이지. 나중에 받은 상이며 트로피 들은 "창문을 열어 환기시킬 때 창문 고임돌로 쓰면 아주 좋다."고 말했단다. 물론 재미있는 농담으로 한 말이야. 린드그렌은 유머가 넘치는 사람이었고, 농담을 즐겨 했단다. 러시아에서 새로 발견한 소행성을 그의 이름을 따서 '아스테로이드'로 불러도 되겠냐고 물었을 때, 린드그렌은 이렇게 말했어. "아무렴요, 지금부터 저를 아스테로이드 린드그렌이라고 부르셔도 돼요."

린드그렌은 전 세계 아이들과 어른들로부터 매주 150통의 편지를 받았답니다. 여러분이 매일 스무 통 이상의 편지에 답장을 해야 한다고 상상해 보세요. 정말 힘들 것 같지요? 처음에는 혼자 답장을 썼지만 나중에는 출판사에서 알게 된 오랜 친구 셰르스틴 크빈트를 비서로 채용했어요. 그 친구가 편지에 답장 쓰는 일을 도왔지요. 린드그렌의 만 85살 생일에는 편지가 가득한 커다란 자루가 아홉 개나 배달되었답니다. 만 90살 생일에는 자루가 열여섯 개나 배달되었고요!

그리고 집에는 늘 전화벨이 울렸지요. 사람들은 전화를 해서 묻곤 했어요.

 떠들썩한 마을은 어디에 있나요?

🗨️ 『미오, 나의 미오』에서는 무슨 말을 하고 싶었나요?
🗨️ 『뢴네베리아의 에밀』을 영화로 만들어도 되나요?
🗨️ 『릴레브로르와 지붕 위의 칼손』을 연극으로 만들면 어떨까요?
🗨️ 삐삐 롱스타킹을 도자기에 그림으로 새겨도 되나요?
🗨️ 우리 학교 이름을 '떠들썩한 학교'라고 해도 되나요?

모두들 린드그렌에게 무엇인가를 바랐어요. 때로 사람들은 그에게 어떤 일을 하는 데 도움을 달라고 하기도 했어요. 린드그렌이 유명했기 때문이었지요. 린드그렌과 친해지고 싶다고 말하거나 그의 집을 방문하고 싶어 하는 사람들도 많았답니다.

린드그렌이 산책을 가거나 시장을 보러 가면, 항상 사람들이 말을 걸면서 "혹시 아스트리드 린드그렌 아니세요?" 하고 물었어. 그럼 린드그렌은 "아니에요, 저는 **핑갈 올손**(스웨덴의 오래된 만담에 나오는 재밌는 주인공)의 여동생이에요."라고 대답하기를 좋아했단다.

책들이 팔리면서 린드그렌은 상당한 부자가 되었어요. 그 돈이면 흥청망청 부유한 생활을 할 수 있었고, 여행도 즐기고, 호화로운 호텔에서 지낼 수도 있었고, 또 사고 싶은 것은 무엇이든 살 수도 있었지요. 하지만 린드그렌은 돈에 관심이 없었어요.

1972년 크리스마스에 린드그렌은 일기에 이렇게 썼어. "돈은 정말 엄청나게 벌었다. 그러나 그건 나를 불안하게 만든다. 나는 돈을 원하지 않는다." 린드그렌의 말을 이해할 수 있겠니? 만일 네가 친구들 모두와 부모님과 친척들이 가진 돈 모두를 합친 것보다 훨씬 더 돈이 많다면 어떨지 한번 상상해 보렴. 어쩐지 너는 친구들과 다른 것 같고, 더 이상 부모님이나 친척들과도 어울리지 않는다는 생각이 들 것 같지 않니?

그렇지만 린드그렌의 일상은 돈이 많다는 것 때문에 달라지는 것이 거의 없었어요. 린드그렌은 오랫동안 살았던 스톡홀름 달라가탄에 있는 방 네 개짜리 집에서 계속 살았어요. 또 그 집은 린드그렌이 세상을 떠나고 난 지금도 40년대와 같은 모습을 간직하고 있답니다. 똑같은 의자들과 탁자, 똑같은 소파, 똑같은 침대 들이 여전히 그대로 있지요. 린드그렌은 어머니에게서 배운 그대로 아주 검소하게 살았어요. 계속해서 물건을 새로 사들이는 것이 왜 재미있는 일인지 이해할 수 없었지요.

휴가철이면 린드그렌은 거의 늘 스톡홀름 앞의 푸루순드라는 작은 섬으로 떠났어요. 린드그렌은 그곳의 집과 빔메르뷔에 있는 부모님의 오래된 농장인 네스를 샀어요. 이것이

탄생 백주년을 기념해서 독일에서 발행한
아스트리드 린드그렌 우표

린드그렌이 유일하게 많은 돈을 쓴 일이었지요. 그 밖에는 주로 다른 사람들을 돕는 데 돈을 쓰곤 했어요.

    이렇게 검소하게 사는 것은 빔메르뷔가 위치해 있던 스웨덴 스몰란드 지방 사람들의 전형적인 생활 방식이었어요. 그리고 린드그렌은 전형적인 스몰란드 농부의 딸이었지요.

스몰란드의 아이

스웨덴은 유럽의 북쪽 끝에 있어요. 숲이 많고, 겨울에는 눈이 많이 오고 여름에 백야를 볼 수 있답니다. 백야는 북극 가까이 있는 지역에서 한밤중에도 태양이 떠 있는 현상을 말해요. 스웨덴에는 왕과 여왕이 있긴 하지만, 국민들이 선거로 정부 인사를 뽑는답니다.

린드그렌이 태어났던 백 년 전의 스웨덴은 지금과는 많이 달랐어요. 텔레비전이나 컴퓨터, 핸드폰, 엠피스리 플레이어가 아직 발명되지 않았을 때였지요. 이 시대를 마차 시대라고도 불러요. 당시에는 말이 아주 중요한 역할을 했기 때문이지요. 자동차는 아주 조금밖에 없었고, 전기도 없었어요. 물은 우물에서 길어서 양동이에 담아 집으로 날라야 했고, 겨울에는 엄청나게 추웠지요.

린드그렌이 살던 집 부엌에는 나무를 떼는 커다란 무쇠 화덕이 있었어요. 저녁이면 온 가족과 하인들이 다 같이 부엌 난롯불 앞에 모여 앉았지요. 그리고 바느질을 하거나 구멍 난 양말을 기웠고, 아이들은 공부를 했어요. 때때로 어른들이 옛날이야기를 들려주곤 했지요. 불이 꺼지고 추워지면 모두들 침대로 가서 잤답니다.

린드그렌은 사과나무 밭으로 둘러싸인 농장의 오래된 나무 집에서

아스트리드 린드그렌이 태어난 빔메르뷔의 집

태어났습니다. 그날은 1907년 11월 14일 금요일이었고, 아기의 이름은 아스트리드 안나 에밀리아 에릭손이라고 지었답니다. 에릭손은 아스트리드의 부모님 성이었어요. 사실 린드그렌은 남편의 성으로, 결혼하고 나서부터 썼지요. 에릭손 집안은 네스라는 작은 농장을 운영하고 있었는데, 이 농장은 예전에 교회의 농장이었어요.

 린드그렌은 사남매 중 둘째였어요. 오빠인 군나르는 한 살 위였고, 여동생 스티나는 네 살, 잉에게르드는 아홉 살 아래였지요. 엄마는 부지런한 농부였어요. 엄마는 아이를 낳은 후에도 편히 쉴 시간이 없었지요. 가축들을 돌보아야 했고, 집안일도 해야 했거든요. 집에는 일을

아버지 사무엘 아우구스트, 잉에게르드, 아스트리드, 스티나, 군나르, 어머니 한나

돕는 하인과 하녀 들도 있었지만, 모두에게 해야 할 일을 지시해 주는 사람은 엄마였지요.

아버지 사무엘 아우구스트는 아주 특별한 사람이었습니다. 린드그렌은 아버지를 누구보다 사랑했어요. 아버지는 재치 있고 지혜롭고 다정하고 부드러운 사람이었어요. 하지만 일을 열심히 하는 사람이기도 했지요. 또 모든 사람들에게 인기가 많았어요. 아버지는 농담을 잘했고 재미있는 이야기를 잘 들려주었거든요. 린드그렌은 아버지에게서 그 능력을 물려받았지요. 아버지는 삶을 사랑하고 동물들을 잘 다룰 줄 아는 행복한 사람이었어요. 아이들은 서로 돌아가면서 아버지 곁에서 잘 수 있었어요. 그래서 누가 아버지 옆에서 잘 차례인지 아이들끼리 자주 다투곤 했답니다.

어머니 한나는 조용하고 일을 잘하는 사람이었고, 또 조금 엄격하기도 했어요. 아이들은 당연히 엄마가 하는 말을 따라야 했지요. 하지만 아이들을 야단치거나 화를 내지 않았어요. 아이들이 식사 시간에 늦게 오거나 옷을 찢거나 더럽혀도 이해해 주었지요. 그렇지만 린드그렌에게는 엄마가 안아 주거나 입을 맞춰 준 기억이 없었어요. 나중에 딱 한 번 린드그렌이 여행에서 돌아왔을 때 엄마가 안아 주었던 것이 다였지요. 상상이 되나요? 하지만 당시에는 그런 것이 보통이었지요.

한번은 린드그렌이 어렸을 때 엄마에게 반항한 적이 있었어요. 다섯 살 때쯤의 일이었는데 린드그렌은 뭔가

부당하게 대접받는 기분이 들었답니다. 그래서 집에서 나가 화장실에 숨었어요.

"모두들 와서 우는 소리로 제발 다시 집에 돌아가자고 빌 줄 알았어요. 그런데 아무도 오지 않는 거예요. 정말 끔찍했지요. 그래서 할 수 없이 내 발로 다시 집에 들어가야 했답니다. 이 넓은 세상에 아무도 나를 찾는 사람이 없다는 게 정말 씁쓸했지요."

린드그렌은 집에서 나와서 가출했던 이 사건을 나중에 동화에 썼단다. 한번은 로타가 베리 아줌마네 헛간으로 이사한 이야기로 썼고,❼ 또 한번은 펠레가 헛간에서 혼자 있고 싶어 하는 이야기로 썼어.❽

아버지 사무엘 아우구스트의 부모님은 손자 손녀 들을 아주 예뻐 했어요. 한동안 네스에 살던 할아버지는 『우리는 모두 떠들썩한 마을의 아이들』에 나오는 안나와 브리타의 인자한 할아버지의 모델이 되었답니다. 할머니는 온화하고 자상한 분이었는데 무서운 동화나 전설을 잘 알고 있어서 이야기를 들려 달라고 조르면 들려주곤 했어요. 린드그렌의 동화 『스몰란드에서 가장 무서운 유령 신세르핑』은 할머니가 들려준 이야기에서 나온 것이랍니다.

한번은 린드그렌이 열 살 때, 할머니에게서 커다랗고 두툼한 책을 선물 받은 적이 있었습니다. 그 책은 사실 아이들을 위한 책이 아니어서 린드그렌은 그 책 속의 많은 내용들을 다 이해할 수가 없었어요. 그렇지만 바로 그 점 때문에 그 책에 더욱 끌렸지요. 나중에 직접 책을 쓰게 되었을 때에도 린드그렌은 알 수 없는 세계에 대한 비밀스러운 느낌이 얼마나 가슴을 뛰게 했는지 기억하고 있었답니다.

외할머니와 외할아버지는 조금 엄격한 분들이었어요. 그렇지만 가끔 외갓집에 가는 것은 정말 신이 났어요. 외갓집에는 마차를 타고 가거나 겨울에는 썰매를 타고 갔지요. 친척들이 모두 모이는 날에는 같이 놀 사촌들도 많았어요. 게다가 맛있는 음식이 산더미였지요. 평소에는 간단한 음식을 먹었지만 기념일이나 특별한 날에는 최고로 맛있는 음식들로 상을 차렸거든요. 이날을 위해 하루 종일 음식을 만들고 빵을 굽곤 했지요.

린드그렌의 부모님은 부유하지 않았어요. 그렇지만 두 분이 농사를 지었기 때문에 농장에는 곡식과 과일, 채소, 고기, 우유, 버터, 치즈, 달걀이 있었지요. 먹을 것은 항상 충분했답니다. 당시에는 그것이 당연한 게 아니었어요. 백 년 전 스웨덴 사람들은 대부분 가난해서 굶주리는 일이 많았지요. 린드그렌은 이 이야기를 '에밀' 시리즈에도 썼어요. 책 속에서 에밀은 빈민 구호소에서 사는 사람들을 위해 축제를 준비하지요. 빈민 구호소 사람들과 거지, 떠돌이들도 린드그렌의 어린 시절의 한 부분이었어요.

당시 스웨덴에는 몹시 가난한 사람들도 있었습니다.

린드그렌은 자신의 이야기를 담은 책 『세베드스토르프의 사무엘 아우구스트와 훌트의 한나』[9]에서 떠돌이들이 헛간에서 밤을 보내는 광경을 그렸어. "날이 어스름해지면 그 사람들이 부엌문가로 와서 빵과 우유를 조금이나마 얻으려고 했어요. 우리는 그 사람들을 뚫어지게 보곤 했지요. 한번 상상해 보세요. 어디에도 살 곳이 없이 늘 떠도는 사람들이 있었다니!" 한번은 어떤 사람이 린드그렌의 집 헛간에서 밤을 지냈는데, 나중에 그 사람이 감옥에서 탈옥한 살인자였다는 게 밝혀지기도 했단다.

린드그렌은 빈민 구호소 사람들에 대해 이렇게 말하기도 했어. "봄이 오면 빈민 구호소 사람들도 용기를 내어 햇빛 아래로 나왔지요. 멍청이 키스, 한푼이 요한, 미친 엘린 등 뭐라고 놀림을 받든 말이에요. 그들은 비참한 삶을 살고 있었어요. 가엾은 사람들……. 그 사람들은 놀림

"을 당해도 견뎌야 했어요! 사람들은 자기를 방어할 힘이 없는 사람들에게 잔인하게 대했지요."

린드그렌에게 더 중요한 사람들은 하인과 하녀 들이었습니다. 당시 하인과 하녀 들은 적은 돈을 받고 고되게 일을 해야 했지요. 하지만 네스에서는 좋은 대접을 받았고, 가족들과 가깝게 지내며 함께 살았어요. 작은 방에서 네 사람이 침대 두 개에서 잠을 잤고, 다락방이나 부엌에서 자기도 했지요. 린드그렌의 어린 시절 하인과 하녀 들의 모습은 '떠들썩한 마을'이나 '에밀' 시리즈 또는 '마디켄' 시리즈⑩에서 볼 수 있답니다.

린드그렌과 남매들은 가끔 하인과 하녀 들을 골려 주기도 했습니다. 예를 들어 저녁에 하녀들이 친구들을 만날 때 몰래 숨어 있곤 했답니다. 아이들은 부엌 의자 뒤에 숨어서 킥킥거리며 하녀들을 가만히 두지 않았지요.

린드그렌은 아주 행복한 어린 시절을 보냈고, 안전과 자유를 누릴 수 있었다고 나중에 말했답니다. 네스 농장의 부모님 곁에서는 늘 안전하게 보호받고 있다는 걸 느낄 수 있었어요. 그리고 조심하라고 주의를 주는 어른의 간섭 없이 자유롭게 놀았지요. 어른들은 늘 할 일이 너무 많아 아이들을 쫓아다니며 돌볼 틈이 없었거든요.

 린드그렌에게 놀이는 인생에서 가장 중요한 것이었어. 린드그렌은 어린 시절의 기억에서 이렇게 썼어. "우리는 놀고 또 놀았어요. 놀다가 죽지 않은 것이 이상할 정도로 놀았지요. 원숭이처럼 나무와 지붕에 기어오르고, 널빤지들이 쌓여 있는 곳과 짚더미 위에서 겁 없이 뛰어내리기도 했고, 또 톱밥이 산더미처럼 쌓인 곳을 헤집고 다니기도 했고, 위험천만한 지하 땅굴을 쑤시고 다녔고, 또 수영을 제대로 배우기도 전에 강에서 헤엄을 쳤답니다."

린드그렌의 어린 시절 놀이터는 농장과 그 주변이었어요. 집 밖 길 건너에는 여러 개의 헛간으로 나누어진 커다란 창고가 있었어요. 창고의 길이는 100미터도 넘었는데, 린드그렌의 아버지가 헛간이 필요할 때마다 새로 또 만들었기 때문이었답니다. 100미터가 넘는 창고라니, 상상이 되나요? 커다란 방 20개가 나란히 붙어 있는 것 같지 않았을까요?

헛간은 소들의 외양간으로 쓰는 곳도 있었고, 짚이나 곡식이나 장작을 쌓아 두거나 작업실로 쓰는 곳도 있었어요. 그중 한 곳은 아이들만의 것이었지요. 말하자면 놀이방이었답니다. 그곳은 난로도 없고 창문도 제대로 닫히지 않는 보잘것없는 곳이었어요. 하지만 아이들에게는 아주 멋진 마법의 방이었지요. 아늑하고 편안한 방에는 인형 놀이 장난감과 나무로 만든 동물들, 그림책이 든 상자들, 종이에 그려서 만든 인형들과 낡고 작은 손수레가 있었어요. 바닥에는 헝겊 조각을 이

린드그렌이 어린 시절 헤엄치며 놀았던 강은 이런 풍경이었습니다.

어 붙인 양탄자가 깔려 있었고, 벽에는 잡지에서 오린 그림들이 걸려 있었어요. 그리고 다락방도 있어서 다락방 미닫이문을 열고 아래로 기어 내려올 수 있었답니다.

린드그렌과 남매들은 장난감이 조금밖에 없었어. 가끔은 엄마가 크리스마스 때 작은 헝겊 인형을 만들어 주기도 했단다. 린드그렌은 나무로 만든 머리가 달린 인형을 하나 가지고 있었어. 어느 날 땅속에 박힌 바위를 폭파해서 없애려고 할 때의 일이야. 린드그렌의 오빠가 그 인형을 바위에 놓아 두고 바위가 폭발할 때 하늘로 날아가는 것을 보자고 얘기했어. 린드그렌은 군나르 오빠의 말대로 했고, 인형은 정말 퓨웅— 소리를 내며 하늘로 날아갔단다. 하지만 인형은 다시 발견되지 않았어. 오빠는 인형이 틀림없이 달로 날아갔을 거라고 했대.

농장 앞에는 백 년도 넘은 커다란 느릅나무가 있었어요. 나무는 속이 비어 있어서 아이들은 그 안에서 놀았답니다. 삐삐와 토미와 안니카가 '레모네이드나무' 속에서 놀듯 말이에요. 린드그렌과 남매들은 그 느릅나무를 부엉이나무로 불렀어요. 왜냐하면 부엉이가 나무 속에서 살고 있었거든요. 어느 날 군나르 오빠가 부엉이의 알을 달걀로 바꿔치기했어요. 부엉이 알은 속을 빼서 수집품으로 보관했지요. 달걀은 정말 부엉이 둥지에서 부화했어요. 하지만 군나르 오빠는 병아리를 다시 빼내 왔답니다. 부엉이가 병아리를 돌보지 않을까 봐 걱정이 되었거든요. 병아리는 부엌의 작은 상자에서 살게 되었고, 이름은 알베르티나로 지었어요. 아이들은 병아리와 놀았답니다.

집에는 특별히 좋은 방이 하나 있었습니다. 그 방은 응접실이었는데, 그 방에서 노는 것은 절대로 금지되어 있었지요. 응접실은 손님이 오는 날이거나 특별한 기념일에만 사용했답니다. 하지만 온 가족이 잠을 자는 침실이나 부엌에서는 '바닥에 안 닿기' 놀이를 아주 신나게 할 수 있었어요. 이 놀이는 바닥에 발이 닿지 않고 가구로 기어오르거나 문에 매달려 온 방을 돌아다녀야 하는 놀이였어요. 이 놀이는 『삐삐 롱스타킹』⑪에도 나왔답니다.

린드그렌은 어린 시절 체험했던 것들을 나중에 동화책에 많이 썼답니다. '떠들썩한 마을' '마디켄' '삐삐' '에밀' '명탐정 블롬크비스트' 시

리즈에는 린드그렌이 어린 시절에 경험한 놀이와 일화 들이 실려 있어.

린드그렌과 남매들은 집 안에서 놀기보다는 밖에서 노는 것을 더 좋아했어요. 아이들은 짚이 깔린 창고 바닥에서 놀거나, 짚더미 위로 뛰어내리고, 기다란 굴을 만들기도 했어요. 이것은 조금 위험하기도 했어요. 짚더미에 숨이 막힐 수도 있었으니까요. 하지만 다행히 아무 일도 일어나지 않았답니다.

한번은 군나르 오빠가 친구들과 함께 제재소 옆의 산더미 같은 톱밥 속에 굴을 팠습니다. 아이들은 굴이 무너지지 않게 하기 위해, 또 굴을 막기 위해 널빤지를 가져다 썼어요. 아버지는 널빤지들이 자꾸 어디로 없어지는지 이상하게 생각했지요. 그러다 서커스단에서 톱밥 더미를 실어 가려고 왔을 때에야 아이들의 비밀이 드러나게 되었답니다. 아버지는 널빤지들이 다 어디로 갔던 것인지 그때서야 알았지요. 그렇지만 아버지는 그냥 껄껄 웃기만 했답니다.

자연은 린드그렌의 인생에서 아주 큰 역할을 했어요. 어린 시절을 떠올리면 자연이 가장 먼저 생각난다고 말할 정도였지요. 린드그렌은 "내게 자연은 무엇보다 가장 중요한 것입니다. 나는 자연이 필요하고 자연을 사랑해요."라고 말했어요. 아이들은 숲과 초원을 쏘다녔고, 산딸기를 따고, 오두막을 짓거나 강에서 헤엄을 쳤어요.

린드그렌은 네스 농장 둘레의 샛길 하나하나 돌 하나하나 모두 다 알고 있었어요. 갓 풀을 베었을 때 나는 싱그러운 냄새나 들장미 향기는 린드그렌을 행복하게 해 주었답니다.

린드그렌의 동화에서 자연은 큰 역할을 한단다. 살트크로칸에서의 햇빛 찬란한 여름날이며, 카트풀트 농장의 추운 겨울 두툼하게 쌓인 눈, 들장미 골짜기⑫의 아름다운 장미 향기 등, 책을 읽으면서 정말 그곳에 있는 듯한 느낌이 들도록 아주 자세하게 썼어. 린드그렌은 책을 쓸 때면 농장에서 보낸 어린 시절로 다시 돌아갔고, 글에 자연의 모습을 아주 세심하게 담았단다. 자연에 대해 느끼는 것이 그만큼 컸기 때문이지. 독자들도 책을 읽으면서 그 마음을 느낄 수 있었고 린드그렌이 어린 시절 느꼈던 행복감을 그대로 가질 수 있었어. 안타깝게도 지금 빔메르뷔의 자연은 린드그렌이 어릴 적 체험했던 그대로가 아니란다. 자그마한 마을은 더 커졌고, 집과 길도 많이 생겼지. 낡은 창고는 철거되었고, 린드

스웨덴의 시골 풍경과 영화 〈우리는 모두 떠들썩한 마을의 아이들〉의 리사

그렌과 남매들이 쏘다니며 놀았던 길들은 더 이상 남아 있지 않아. 그래서 린드그렌은 어린 시절의 기억들을 '사라진 나라'라고 이름 지었어. 어린 시절의 나라는 정말로 사라졌거든.

린드그렌은 농장의 동물들도 사랑했어요. 농장에는 소와 송아지, 말, 그리고 '떠들썩한 마을'의 리사처럼 직접 우유를 먹여서 키운 작은 새끼 양이며 토끼, 갓 깨어난 병아리도 있었어요. 여동생 스티나는 엄마 돼지의 젖을 먹지 못한 아주 조그만 새끼 돼지에게 우유병으로 우유를 먹이기도 했답니다. 새끼 돼지는 스티나를 엄마로 생각했고 스티나가 어디를 가든 스티나의 뒤를 쫓아다녔지요. 나중에 할머니가 되어서도 린드그렌은 송아지가 혀로 손등을 핥던 느낌이나 병아리의 날카로운 발톱이 손바닥에 따끔거리던 느낌을 여전히 기억하고 있었답니다.

어느 날 린드그렌은 동물원을 만들고 싶었어요. 그러다 지렁이 한 마리를 놓고 군나르 오빠와 싸우게 되었답니다. 결국 두 사람은 지렁이를 반으로 잘라 각자 반 토막씩 가졌어요. 반 토막 난 지렁이가 꿈틀거리는 것을 본 군나르 오빠는 지렁이가 불쌍해서 두 토막을 다시 이어 주고 싶어 했답니다. 하지만 린드그렌은 오빠에게 자기 지렁이를 내주지 않으려고 했어요. 그래서 오빠가 지렁이를 빼앗아가지 못하게 하려고 그만 지렁이를 입안에 넣고 꿀꺽 삼켰답니다. 이 이야기도 린드그렌의 동화에 비슷한 내용으로 나오지요.

린드그렌은 여자 친구들이 몇 있었어요. 그 가운데 에디트는 하인의 딸이었는데, 린드그렌보다 몇 살 더 많았지요. 에디트는 자기 엄마의 좁은 부엌에서 린드그렌에게 책을 읽어 주었답니다. 린드그렌은 나중에 그곳은 책과 동화와 이야기에 대한 사랑이 싹튼 곳이라고 늘 이야기하곤 했지요. 동화 속에 부엌의 모습을 그릴 때면 늘 에디트 엄마의 부엌이 눈앞에 떠오르곤 했답니다.

린드그렌과 남매들은 책 속에 나오는 이야기를 따라 하며 놀기를 좋아했어요. 책은 아주 특별한 것이었답니다. 왜냐하면 농장에는 책이 아주 조금밖에 없었거든요. 어른들은 아침 일찍부터 늦게까지 바쁘게 일하느라 책 읽을 시간이 없었어요. 할머니는 재미로 책을 읽는 것은 좋지 않다고 생각하기까지 했지요. 하지만 린드그렌은 크리스마스에 책을 받고 싶어 했고, 책을 선물 받으면 늘 기뻐서 어쩔 줄 몰랐답니다. 린드그렌이 책과 동화를 이토록 사랑했기에 아마 나중에 동화 작가가 되었는지도 모르지요.

농장의 아이들이 늘 놀거나 책을 읽을 수 있었던 것은 아니었습니다. 아이들도 일을 도와야 했지요. 물론 아이들도 그것을 당연하게 생각했고요. 7살 때부터 아이들은 닭의 모이로 쐐기풀을 뜯거나 밭에서 무와 당근을 솎아야 했어요. 솎는다는 말은 촘촘하게 자란 밭에서 작은 무와 당근을 뽑는다는 말이에요. 그래야 큰 무와 당근이 자랄 자리가 충분해지니까요. 허리를 굽히고 일하는 것은 꽤 힘들었지요. 아이들이 일하다 딴짓을 하거나 꾀를 부리면 엄마가 "기운 내고 계속해!" 하고 꾸짖기도 했답니다.

"기운 내고 계속해."라는 엄마의 말소리는 린드그렌의 인생을 늘 따라다녔지요. 별로 하고 싶지 않은 일을 해야 할 때면 엄마의 그 말이 머릿속에서 들렸답니다.

아이들이 해야 했던 이런 일들에 대해서도 린드그렌은 책에 썼답니다. 『우리는 모두 떠들썩한 마을의 아이들』에서는 아이들끼리 서로 무를 솎는 일을 도왔어. 그러면 일이 그렇게 지루하지 않으니까. 『떠돌이 라스무스』[13]에 나오는 라스무스는 닭의 모이로 줄 쐐기풀을 뜯을 때 한숨을

쉬며 이렇게 말했어. "멍청한 닭들 같으니, 바로 코앞에 있는 쐐기풀 좀 직접 뜯어먹을 수는 없는 거야?"

린드그렌이 어렸을 적, 농장의 하루는 어떻게 시작되었을까요? 아침마다 제일 먼저 일어나는 사람은 엄마였어요. 엄마는 우선 닭에게 모이를 주러 갔지요. 그리고 다시 집에 들어올 때면 아이들은 자리에서 일어나 있어야 했답니다. 하지만 늘 일찍 일어나지는 못했어요. 너무 이른 아침인 데다, 겨울에는 엄청나게 추웠으니까요.

그 시절에는 난방이 없었고, 따뜻한 물도 나오지 않았고, 욕실도 없었어요. 온 가족이 모두 함께 자는 침실에는 세숫대야가 놓인 작은 탁자가 있었지요. 그리고 토요일 저녁마다 아이들은 목욕탕의 커다란 구리 욕조에서 목욕을 했답니다.

아이들이 옷을 입는 동안 엄마는 부엌의 커다란 화덕에 불을 피우고 오트밀을 끓였어요. 그리고 우유나 코코아를 같이 먹었지요. 하인과 하녀까지 모두 함께 부엌 식탁에 앉아 식사를 했어요. 남자들은 힘들게 일을 해야 했기 때문에 소시지와 베이컨을 먹었답니다. 린드그렌은 베이컨이라면 사족을 못 썼기 때문에 베이컨을 조금이라도 얻어먹을 때면 무척 기뻐했어요. 그 시절의 농부들은 고기를 먹는 일이 아주 드물었어요.

음식은 검소했지만 몸에 좋은 것들이었죠. 넉넉한 잡곡으로 오트밀이나 빵을 만들었고, 과일과 채소, 우유, 치즈도 있었답니다.

"저녁이면 소금에 절인 청어가 자주 식탁에 올라왔고, 가끔은 밀가루와 우유에 시금치를 넣은 죽이 나왔어요. 그건 정말 끔찍했지요!"라고 린드그렌이 이야기한 적이 있단다. 그래도 아이들은 맛이 없는 것을 억지로 먹지 않아도 되었어. "우리가 좋아하지 않는 음식이 나오면, 우린 버터 바른 빵을 먹었지요."

린드그렌은 7살에 학교에 입학했습니다. 너무나 흥분이 되어서 어쩔 줄 몰랐지요. 선생님이 이름을 불러 앞으로 나갈 때엔 눈물이 나오기까지 했었답니다. 다행히 흥분은 금방 가라앉았고, 곧 새로운 친구들이 생겼어요.

린드그렌의 제일 친한 친구는 안네 마리였어요. 마디켄이라고 불린 이 친구는 2학년이었어요. 마디켄은 자기 주관이 뚜렷하고, 자신감 넘치고, 어른들이 묻는 말에 당돌한 대답을 하는 아이였어요. 린드그렌에게 처음으로 치고받고 싸우는 법을 가르쳐 주었고요. 둘은 말괄량이처럼 신나게 놀았답니다. 마디켄이 선장이 되면 린드그렌은 선원이 되어 놀았지요. 두 아이는 평생 친구로 지내기로 맹세했어요. 그 맹세를 확실하게 하기 위해 인디언들처럼 피를 섞고 서로 의형제를 맺었답니다. 정말로 두 사람은 평생을 친구로 지냈고, 나중에 마디켄은 린드그렌 동화 속 주인공이 되었지요.

어느 날 린드그렌은 학교가 끝나고 남자아이들이 오빠를 나무에 묶는 것을 보았습니다. 그러더니 아이들이 오빠를 괴롭히는 것이었어

학교에 간 삐삐. 텔레비전 드라마의 한 장면이에요.

요. 린드그렌은 오빠를 도와야 한다는 것을 알았지요. 하지만 어떻게 해야 할까요? 자기보다 나이도 많고 덩치도 큰 남자아이들을 상대로 무엇을 할 수 있을까요? 린드그렌은 도망을 쳤어요. 그때 마침 마차를 몰고 지나가는 아버지와 마주쳤습니다. 얼마나 다행이었는지 모릅니다! 린드그렌은 서둘러 아버지에게 무슨 일이 벌어지고 있는지 이야기했고, 아버지는 아들을 구해 주었지요.

린드그렌은 나중에 이 일에 관해서 이렇게 말했어. "그때 나는 처음으로 비겁한 겁쟁이였습니다." 나중에 린드그렌은 책에서 두려움, 비겁함, 그리고 두려움 극복하기와 용기에 관해 자주 다뤘단다. 특히 『미오, 나의 미오』와 『사자왕 형제』⁽¹⁴⁾에서 많이 이야기했지. 요나탄은 이런 말을 해. "아무리 위험해도 반드시 해야만 하는 일이 있단다. 사람답게 살고 싶어서지. 그렇지 않으면 쓰레기와 다를 게 없으니까."

린드그렌은 학교에 가기를 좋아했습니다. 그리고 모범생이었어요. 가장 좋아하는 과목은 스웨덴어와 체육이었어요. 어릴 적부터 이야기를 잘 지어 내고 언어에 소질이 있었기 때문이었지요. 그리고 운동도 잘했고요.

하지만 담임 선생님은 아주 무서웠고 아이들을 차별했어요. 린드그렌은 선생님을 좋아하지 않았지요. 그때는 졸업할 때까지 같은 선생님한테 배워야 했어요. 그런데 다행히 3학년 때 새 담임 선생님이 오셨답니다. 새 선생님은 젊고 상냥한 여자 선생님이었어요. 그 선생님의 모습은 마디켄의 선생님과 '떠들썩한 마을' 아이들의 선생님, 그리고 토미와 안니카의 선생님으로 그려져 있답니다. 선생님은 빔메르뷔의 작은 집에서 살았는데, 아이들은 가끔 선생님 댁에 찾아가곤 했어요. 나중에 린드그렌은 이렇게 말했어요. "선생님 집의 창문 앞에는 아랫집 베란다 지붕이 있었어요. 상상해 보세요. 선생님 댁에 찾아가면 우린 창문으로 나가 지붕에 앉을 수 있었어요! 그런 일은 절대 잊을 수가 없지요."

린드그렌은 평생 동안 기어오르기를 좋아했어요. 나무에 기어오르고, 집이나 창고 지붕에 기어오르곤 했지요. 지붕의 용마루에 서서 균형을 잡고 걸으면 다른 아이들이 보고는 환호성을 질렀답니다.

약국 위의 다락방을 방으로 쓰는 친구 집에 갔을 때의 일입니다. 지붕 아래에는 불이 났을 때 비상 탈출용으로 쓰기 위해 밧줄이 묶여 있었어요. 친구들은 린드그렌이 어디든 워낙 잘 기어오르니까 밧줄을 타고 내려가 보라고 했답니다. 린드그렌은 창문으로 나가 밧줄에 매달렸어요. 하지만 밧줄이 끊어지면서 린드그렌은 바닥에 떨어지고 말았지요. 친구들은 웃음을 참지 못했지만, 린드그렌은 양쪽 무릎이 깨졌지요. 약국을 하시던 친구의 아버지는 린드그렌을 안으로 데려가 치료해 주었답니다. 집에 돌아가자 린드그렌의 아버지는 딱 한마디만 했어요. "다행이네, 약국 앞에 떨어진 게. 반창고가 많았을 테니."

높은 곳에 기어오르기와 용감하게 뛰어내리기는 린드그렌의 동화에 많이 나오는 장면입니다. 책 속의 많은 등장 인물들이 높은 곳 기어오르기 선수들이었고 뛰어내리기의 명수들이었지요. 여러분이 읽어 본 동화 중에 떠오르는 장면이 있나요?

린드그렌은 생기발랄한 아이였어요. 잘 웃고 또 금방 울기도 했어요. 아이들은 린드그렌과 놀기를 좋아했지요. 늘 새로운 놀이를 생각해 냈으니까요. 그만큼 린드그렌은 상상력이 풍부했어요. 잘 웃고 유머가 넘치는 성격, 또 슬픈 감정을 억누르지 않는 점, 상상력이 풍부한 점은 모두 나중에 작가가 되는 데 도움이 되었답니다.

린드그렌이 학교에 입학한 것은 1914년이었어. 그때는 전 유럽과 아프리카, 동아시아에서 전쟁이 일어났을 때란다. 바로 제1차 세계 대전이었지. 하지만 린드그렌은 아무것도 느끼지 못했단다. 배고픔도 괴로움도, 가난이나 폭력도 린드그렌의 세계에 들어오지는 못했지. 린드그렌에게는 행운이었어. 전 세계 독자들에게도 행운이고. 만일 린드그렌이 행복한 어린 시절을 보내지 못했다면, 나중에 그것에 관하여 쓸 수 없었을 테니까 말이야.

영화 〈뢴네베리아의 에밀〉 중 한 장면.
물론 에밀의 여동생이 혼자 깃대에 올라간 건 아니에요.

어린 시절의 끝

　초등학교를 졸업한 린드그렌은 빔메르뷔에서 6년간 중등학교에 다녔습니다. 그 시절 시골 아이가 초등학교를 졸업하고 학교를 더 다니는 것은 흔한 일이 아니었지요. 먼저 중등학교에 다니고 있던 단짝 친구 마디켄은 중등학교에 입학하라고 린드그렌을 설득했답니다. 마디켄은 종이에 그려서 오려 낸 예쁜 종이 인형과 종이 인형에 입힐 옷들까지 선물해 가며 린드그렌을 설득했지요. 마침내 엄마가 린드그렌에게 중등학교에 가고 싶은지 묻자, 그렇다고 대답했어요.
　린드그렌은 공부가 어렵지 않았어요. 여전히 공부를 잘하는 학생이었지요. 12살 때는 글을 정말 잘 써서 늘 학급에서 작문을 발표했답니다. 14살 때는 린드그렌이 쓴 작문이 빔메르뷔 지역 신문에 실리기도 했지요. 사람들은 농담으로 린드그렌을 '빔메르뷔의 셀마 라겔뢰프'라고 불렀어요. 셀마 라겔뢰프는 아주 유명한 스웨덴의 작가예요. 린드그렌은 쑥스러웠어요. 그리고 자기는 절대 작가가 될 수 없을 거라고 생각했답니다.

　린드그렌은 빔메르뷔 여기저기를 쏘다니기 좋아했어요. 당시 빔메르뷔는 작고 조용한 도시였고 사람들끼리 서로 다 알고 지냈지요. 빔

빔메르뷔의 현재 모습

메르뷔의 일상은 느긋하게 흘러갔습니다. 자동차도 거의 없어서 길을 다닐 때 조심할 필요도 없었어요. 소란스러운 일은 어쩌다 아주 드물게 일어날 뿐이었어요. 빔메르뷔 시내에서도 부모님의 집에 있는 것처럼 안전함과 자유로움을 느낄 수 있었지요.

반 친구들 대부분은 도시 아이들이었어요. 하지만 린드그렌은 농장에서 살았지요. 그 말은 집에서 농장 일을 많이 도와야 했다는 뜻이기도 해요. 무를 솎아 내거나 쐐기풀을 뜯고, 들에서 이삭을 줍거나 소먹이를 준 다음에야 친구들과 놀 수 있었지요. 이것은 린드그렌에게 아주 자연스럽고도 당연한 일이었답니다. 다른 생활은 상상도 할 수 없었지요.

하지만 14살이 되자 린드그렌은 갑자기 달라졌습니다. 갑자기 더 이상 놀 수가 없었지요.

나중에 린드그렌은 이렇게 이야기했어. "더 이상 놀 수가 없다는 것을 깨달았던 14살의 여름을 아직 기억합니다. 갑자기 그것을 알게 된 것이지요. 그냥 더 이상 놀 수가 없었어요. 정말 끔찍했지요. 그리고 슬펐어요. 그 나이의 아이들 모두 그런 것을 경험하는 것 같아요. 내가 여러분에게 말해 줄 수 있는 것은 살아가면서 어떤 일이 닥쳐도 실망하지 말라는 것이에요! 왜냐하면 그것은 곧 지나가니까요. 슬픈 시간은 끝이 있어요. 그리고 모든 것이 다시 좋아지지요!"

하지만 당장은 전혀 좋지 않았어요. 린드그렌은 청소년기를 불행하고 슬프게 보냈지요. 자기가 예쁘지 않다고 생각했고 자기에게 반할 사람은 아무도 없을 거라고 생각했어요. 다른 사람들은 모두 행복한데 자기만 행복하지 않은 것 같았지요. 하지만 겉으로는 태연하게 지냈기 때문에 그런 생각을 아무도 눈치 채지 못했답니다. 린드그렌은 빔메르뷔를 쏘다니며 새로운 친구들과 어울렸어요. 거칠게 놀

17살 무렵의 린드그렌

면서 재미로 어른들의 화를 돋우는 아이들이었지요.
 그 시절 여자들은 모두 긴 머리를 땋거나 틀어 올리고 다녔어요. 하지만 큰 도시에서는 머리를 짧게 자르는 것이 유행이었지요. 린드그렌도 머리를 짧게 자르고 싶었어요. 그래서 어느 날 아무에게도 말하지 않고 미용실에 가서 머리를 싹둑 잘랐답니다. 린드그렌은 작은 도

시인 빔메르뷔에서 처음으로 감히 그럴 생각을 한 여자들 중 하나였지요. 미용실에서 돌아온 린드그렌이 부엌에 가서 앉자 아무도 말이 없었어요. 모두들 말없이 그저 린드그렌을 바라보기만 했지요. 하지만 린드그렌은 전혀 동요하지 않았어요. 짧은 머리가 마음에 들었으니까요. 그리고 그 뒤로는 한 번도 머리를 턱 선이 넘게 기른 적이 없었답니다.

하지만 린드그렌이 늘 그렇게 용감한 것은 아니었어요. 스스로를 겁이 많고 비겁하다고 여긴 적이 많았지요. 한번은 다른 여자아이들이 린드그렌의 제일 친한 친구에 대하여 나쁘게 이야기할 때 뭐라고 말을 하지 못한 적도 있었어요. 린드그렌은 겉으로는 내색하지 않았지만 외로웠고 마음이 불안했지요.

1923년 린드그렌은 학교를 마쳤습니다. 그때가 17살이었지요. 이제 어떻게 할지, 아직 알 수가 없었어요. 하지만 스웨덴어는 여전히 린드그렌이 가장 잘하는 과목이었고, 빔메르뷔에서는 린드그렌이 글을 잘 쓴다는 것이 알려져 있었답니다. 그래서 빔메르뷔의 신문사에서 수습사원으로 일하지 않겠냐는 제의를 해 왔어요. 신문사 일을 배워 보지 않겠냐는 것이었지요. 우선은 신문 기사에 맞춤법이 틀린 글자가 있는지 교정 보는 일부터 해야 했고, 빔메르뷔 사람들의 생일이나 결혼식, 장례식에 관한 기사를 간단하게 써야 했어요. 린드그렌은 좋다고 했지요. 린드그렌은 기사 쓰는 법을 배웠고, 이것은 나중에 상당히 쓸모가 있었어요. 신문사에서 수습사원을 구한 것이 린드그렌으로 하여금 작가의 길에 그 첫발을 디디게 한 셈이지요. 물론 그때 린드그렌은 그런 생각을 못했지만요.

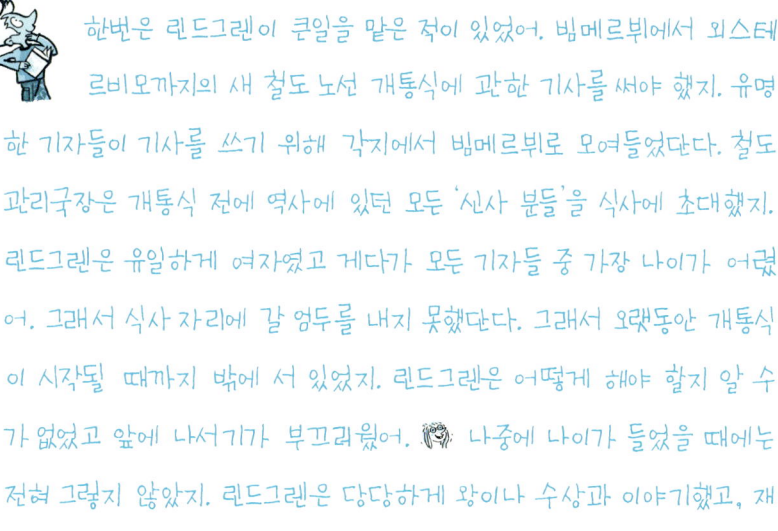
한번은 린드그렌이 큰일을 맡은 적이 있었어. 빔메르뷔에서 외스테르비모까지의 새 철도 노선 개통식에 관한 기사를 써야 했지. 유명한 기자들이 기사를 쓰기 위해 각지에서 빔메르뷔로 모여들었단다. 철도 관리국장은 개통식 전에 역사에 있던 모든 '신사 분들'을 식사에 초대했지. 린드그렌은 유일하게 여자였고 게다가 모든 기자들 중 가장 나이가 어렸어. 그래서 식사 자리에 갈 엄두를 내지 못했단다. 그래서 오랫동안 개통식이 시작될 때까지 밖에 서 있었지. 린드그렌은 어떻게 해야 할지 알 수가 없었고 앞에 나서기가 부끄러웠어. 나중에 나이가 들었을 때에는 전혀 그렇지 않았지. 린드그렌은 당당하게 왕이나 수상과 이야기했고, 재치 있는 대답을 잘하기로 유명했단다.

사실 린드그렌의 삶은 이렇게 계속될 수도 있었어요. 부모님과 함께 농장에서 살며 신문사에서 일하고, 언젠가는 젊은 청년을 만나 사랑에 빠지고, 결혼을 해서 아이를 낳고…… 그렇게 말이에요.

하지만 모든 것이 다르게 흘러갔지요. 린드그렌은 19살에 아기를 가집니다. 아기 아버지는 린드그렌의 상사인 신문사 편집자였어요. 그는 결혼한 사람이었고 아이들도 있었지요. 그는 이혼하고 린드그렌과 결혼하겠다고 말했지만 린드그렌은 그러기를 원하지 않았어요. 부모님도 반대했고요. 부모님은 린드그렌이 결혼도 하지 않고 아기를 가진 것에 너무나 놀랐지만 린드그렌을 꾸짖지 않았어요. 그 시절 스웨덴의 농촌에서 이런 일은 엄청난 사건이었고, 온 동네가 수군거릴 만큼 좋지 않은 일이었어요. 이웃들은 린드그렌에게 수치스러운 줄 알라고 말했지요. 게다가 린드그렌은 결혼한 남자의 아이를 가졌으므로 당시 법에 따르면 그의 부인에게 벌금을 내야 했어요.

린드그렌은 빔메르뷔를 떠나지 않으면 안 된다는 것을 알았지요. 하지만 어디로 가야 할까요? 그리고 무엇을 해야 할까요?

린드그렌은 스톡홀름으로 가기로 결심했습니다. 스톡홀름은 스웨덴의 수도이고, 대도시라 린드그렌을 아는 사람이 없고, 누가 아기의 아버지인지 아무도 알지 못했지요. 린드그렌은 그곳에서 아기를 낳아 키우고 싶었어요. 그러려면 어떻게 해야 할지 아직은 알 수 없었지만요. 아주 씩씩하고 용기 있는 결심이었지요. 얼마나 어려운 시간이 자신을 기다리고 있을지는 아직 알지 못했어요. 딸이 아무도 없이 혼자 낯설고 먼 대도시로 떠나야 했을 때 부모님은 무슨 생각을 했을까요?

2. 혼자서 당당하게

스톡홀름에서 시작한 새로운 인생

스톡홀름은 아름답고 밝은 물의 도시로, 빔메르뷔와는 달리 아주 큰 대도시입니다. 린드그렌이 스톡홀름에 도착했을 때에는 겨우 19살이었고, 아기를 임신하고 있었고, 아무도 없이 혼자였지요. 스톡홀름에는 아는 사람이 하나도 없었고요. 린드그렌은 우선 하숙집에 방을 하나 구했어요.

당시에는 돈이 많지 않고, 혼자 사는 사람들은 하숙집에 방을 구하는 것이 흔한 일이었어. 방에는 가구들이 다 들어 있었고, 부엌과 욕실은 공동으로 썼지. 하숙집 주인은 아주 엄격한 경우가 많아서 손님이 올

1920년대 스톡홀름은 이런 모습이었어요.

수도 없었고, 또 세 들어 사는 사람들을 몰래 감시하곤 했어. 그래도 린드그렌은 지낼 곳을 구할 수 있어서 기뻤단다.

이제 어떻게 해야 할까요? 신문 기자로서 직업 교육은 끝까지 마치지 못한 상태였지요. 그때까지 린드그렌은 자신이 정말 하고 싶은 것이 무엇인지 깊이 생각해 본 적이 없었어요. 다른 사람이, 부모님이, 나중에는 직장 상사가 자신의 인생을 결정하게 두었었지요.

하지만 이제는 아기를 가졌고, 아기가 태어나기 전까지의 시간을 활용해야 했어요. 그래서 린드그렌은 우선 직업 학교에 갔습니다. 그곳에서 영어와 타자, 속기를 배웠어요.

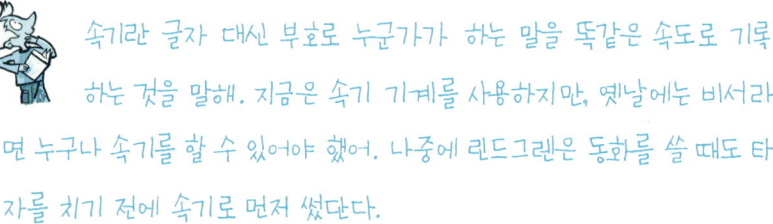

속기란 글자 대신 부호로 누군가가 하는 말을 똑같은 속도로 기록하는 것을 말해. 지금은 속기 기계를 사용하지만, 옛날에는 비서라면 누구나 속기를 할 수 있어야 했어. 나중에 린드그렌은 동화를 쓸 때도 타자를 치기 전에 속기로 먼저 썼단다.

린드그렌은 직업 교육을 받으면서 친구들을 금세 사귀었답니다. 하지만 그래도 외롭고 또 불안감이 컸지요. 아기를 가졌다는 사실을 이야기할 수 있는 사람이 아무도 없었으니까요. 아기가 세상에 태어나면 어떻게 될까? 어떻게 아기를 키워야 할까? 게다가 린드그렌은 돈이 아주 조금밖에 없었어요. 배가 고플 때도 많았고, 유일한 기쁨은 집에서 보낸 소포를 받는 것이었어요. 하지만 집에 보내는 편지에는 아무 일 없이 잘 지내는 것처럼 썼어요. 부모님이 걱정할까 봐 실제로 어떻게 지내는지 알리지 않은 것이지요.

그러던 어느 날 린드그렌은 신문에서 어떤 변호사에 관한 글을 읽게 되었습니다. 그는 곤란한 상황에 처한 여자들, 특히 미혼모를 위해 일하는 여성 변호사로, 이름은 에바 아우덴이었어요. 린드그렌은 그를 찾아갔어요. 그 변호사는 스톡홀름에서 린드그렌이 아기를 가졌다는 것을 털어놓은 유일한 사람이었지요. 왜 그래야만 했을까요? 엄마가 자신의 걱정과 근심은 혼자만 간직하라고 가르쳤기 때문이지요.

에바 아우덴은 린드그렌이 혼자 스톡홀름에서 지내고 있다는 것과 도움을 받을 사람이 아무도 없다는 것을 알고 놀랐어요. 그는 린드그렌에게 덴마크의 수도인 코펜하겐에 있는 한 병원 주소를 알려 주었어요. 그곳에서는 아기 아버지의 이름을 대지 않고도 아기를 낳을 수 있었지요. 린드그렌은 아기 아버지의 이름을 말하고 싶지 않았습니다. 그러면 벌금을 내야 했으니까요. 린드그렌은 코펜하겐으로 떠났어요. 병원에서 린드그렌은 아기를 낳기 전에 지낼 수 있는 한 아주머니의 주소를 받았어요. 그 아주머니는 아주 친절했고 린드그렌이 아기를 낳은 뒤 양어머니가 되어 아기를 돌보아 주었답니다.

린드그렌은 아들을 낳았고, 이름을 '라르스'라고 지었어요. '라세'

라고도 불렀지요. 하지만 아기와 같이 오래 있을 수 없었어요. 아기를 낳은 지 2주 만에 다시 스톡홀름으로 돌아가야 했지요. 린드그렌은 직업 교육을 서둘러 마치고 비서로 일했어요. 아이는 데리고 있을 수 없었지요. 낮에는 돈을 벌기 위해 일을 해야 했고, 스톡홀름에는 그 시간 동안 아이를 돌봐 줄 수 있는 사람이 아무도 없었거든요. 린드그렌은 최대한 자주 시간을 내서 덴마크에 있는 아들을 보러 갔어요. 대부분 일을 쉬는 주말에 갔는데, 기차를 타고 열 시간이나 가야 했답니다.

이 시기는 린드그렌에게 아주 힘든 시간이었어요. 아이가 너무나 보고 싶었지만 언제나 잠시밖에 볼 수 없었죠. 라세는 점점 자라서 걸음마를 배우고 말을 배웠어요. 하지만 린드그렌은 아들이 첫걸음을 떼는 것을 볼 수 없었지요. 라세는 스웨덴어보다 덴마크어를 더 잘했어요. 그리고 린드그렌을 엄마라고 부르기는 했지만 양어머니도 엄마라고 불렀어요.

나중에 린드그렌은 동화에 부모님을 그리워하는 아이들의 마음에 관해 많이 썼단다. 특히 『떠돌이 라스무스』나 『미오, 나의 미오』를 보면 잘 나타나 있어. 린드그렌에게 그 애절한 그리움은 정반대쪽의 마음이었지. 어린 아들 곁에 있을 수 없었던 엄마의 마음 말이야.

하지만 린드그렌은 라세가 덴마크에서 잘 지내고 있고 건강하고

린드그렌과 남편 스투레

행복하게 자라고 있는 것이 기뻤어요. 린드그렌은 새 일자리를 얻었는데, 바로 왕립 자동차협회 일이었지요. 회사 상사의 이름은 스투레 린드그렌이었고, 둘은 서로 사랑에 빠졌답니다.

그때 라세의 양어머니가 몹시 아파서 더 이상 라세를 돌볼 수 없게 되었어요. 린드그렌은 아이를 데려왔어요. 라세는 4살이었고 낮에 집에 혼자 있기엔 아직 너무 어렸지요. 이제 어떻게 해야 할까요? 린드그렌의 엄마가 그 사실을 알고는 라세를 농장 네스로 데려오고 싶어 했습니다.

린드그렌은 정말 기뻤지요. 라세를 농장 네스로 데려오자 부모님과 오빠와 동생들은 라세를 기쁘게 맞았답니다. 라세는 이제 린드그렌이 옛날에 그랬듯이 똑같이 자유롭고 행복하게 농장을 온통 쏘다녔지요. 부모님이 린드그렌의 아이를 맡은 것을 두고 이웃들은 못마땅하게 여겼지만 말이에요. 라세는 그런 일에 대해서는 아무것도 알지 못했답니다. 라세 곁에는 그를 아끼고 귀여워하는 가족들이 있었으니까요. 농장에는 많은 동물들이 있었고, 게다가 자전거까지 생겼지요.

놀기 좋아하는 엄마

　　라세는 네스에 일 년을 머물렀습니다. 1931년 아스트리드 에릭손과 스투레 린드그렌은 결혼을 했고 라세를 데려갔답니다. 린드그렌은 정말 행복했어요. 드디어 아들과 함께 살 수 있게 되었으니까요. 린드그렌은 이제 가정주부이자 엄마가 되었고, 이따금씩 왕립 자동차협회에서 맡긴 간단한 글을 썼어요. 그리고 가끔 짧은 동화를 써서 주말 신문에 기고하며 원고료를 받기도 했답니다. 조금이나마 글쓰기를 시작한 셈이지요. 하지만 그때 쓴 동화들은 나중에 본격적으로 책을 쓰기 위한 연습에 가까웠답니다.

　　린드그렌은 집안일로 바빴어요. 당시에는 세탁기도 없었고 식기세척기나 청소기도 없었거든요. 그래도 틈만 나면 라세와 함께 공원으로 갔고, 두 사람은 바위와 나무에 기어오르곤 했지요. 한번은 치마의 엉덩이 쪽이 찢어진 적도 있었어요. 산에 올라가서 종이 상자를 타고 미끄러져 내려왔기 때문이었지요. 라세는 집으로 가는 동안 엄마 뒤에 꼭 붙어 있어야 했답니다. 엉덩이에 난 구멍을 가리기 위해서였지요. 라세는 집에 가는 내내 치마에 난 구멍을 보며 깔깔 웃었답니다.

1920년대 스톡홀름 거리의 풍경

> 나중에 어른이 되어 라세는 엄마에 대해 이렇게 말했단다. "엄마는 공원 의자에 조용히 앉아 노는 아이들을 바라보는 그런 엄마가 아니었어요. 엄마는 직접 놀고 싶어 했어요. 나는 엄마가 나만큼 아니면 나보다 더 재미있어 하는 건 아닐까 하는 의심을 떨쳐 버릴 수 없었지요!"

린드그렌 가족은 스톡홀름의 불카누스가탄에 살았습니다. 그곳은 스톡홀름 중심부에 있는 곳으로 빵집과 구둣방, 담배 가게 등이 있는 아담한 거리였고, 근처에 바사 공원이 있었지요. 바사 공원은 미끄럼틀과 그네, 정글짐, 그리고 아이들이 들어가서 놀 수 있는 낡은 트럭까지 있는 큰 공원이었어요. 겨울에는 스케이트도 탈 수 있고 여름에는 축구를 할 수 있지요. 린드그렌이 어린 시절을 보냈던 농장 네스에 비하면 그렇게 대단한 곳은 아니었지만, 그래도 아주 멋진 공원이었어요. 집은 방 두 개에 부엌과 욕실이 있는 작은 집이었어요. 방 하나는 라세의 방이었고, 다른 방은 거실이자 부부가 쓰는 방이었지요.

린드그렌은 이제 26살이 되었고, 걱정거리 없이 편안하게 지냈습니다. 남편과 아이가 곁에 있었고, 만족스러운 생활을 했지요.

하지만 때는 1933년이었어요. 독일에서는 나치가 정권을 잡았고, 나치는 자신들이 다른 사람들보다 우월하다고 믿었습니다. 베를린에서는 나치의 눈 밖에 난 작가들의 책이 공공연하게 불태워졌어요. 린드그렌은 신문에서 그 기사를 읽고 독일에서 뭔가 나쁜 일이 벌어지고 있다는 것을 알았지요. 불과 몇 년 뒤 독일은 제2차 세계대전을 시작했고, 이 전쟁은 전 세계로 번졌지요.

스웨덴은 제2차 세계대전 동안 중립을 유지했어. 전쟁에 끼어들지 않고, 다른 나라의 편을 들거나 반대하지 않았다는 말이야. 하지만 정부는 독일 군대가 러시아를 침략할 준비를 하기 위해 스웨덴을 통과해 이동하는 것을 허락했지. 많은 스웨덴 사람들은 그 일을 두고 몹시 화를 냈고, 린드그렌도 그런 사람 중 하나였어.

그렇지만 린드그렌의 개인적인 일상은 걱정거리 없이 잘 흘러갔답니다. 1934년에는 딸을 낳았고, 카린이라고 이름 지었어요. 린드그렌은 이번에는 아주 편안하게 엄마가 될 수 있다는 것이 몹시 기뻤어요. 라세가 태어났을 때는 대부분의 시간을 서로 떨어져 있어야 했고, 엄마가 된 기쁨을 누릴 수가 없었으니까요. 그렇지만 지금은 평화롭고 행복한 엄마였답니다.

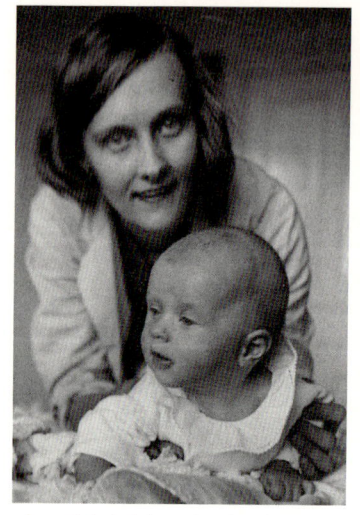 

린드그렌과 딸 카린, 그리고 아들 라세

린드그렌은 다른 엄마와 아빠 들을 잘 살펴보았어. 그리고 많은 부모들이 늘 아이들을 야단치고 아이들이 하는 말을 귀 기울여 듣지 않는 것을 알았지. 부모들은 아이들을 어른을 대할 때처럼 존중해서 대하지 않았어. 그때는 아이들을 지금보다 훨씬 더 엄하게 키웠지. 아이들은 말을 듣지 않으면 벌을 받았고, 매를 맞는 일도 잦았어. 그렇게 하는 것이 아이들에게 좋다고 생각하는 부모도 많았단다. 그렇지만 자녀 교육에 대해 깊이 고민하는 사람들도 있었어. 그에 관한 책이나 신문 기사를 쓰기도 했고. 린드그렌도 1939년 '어린이로 존재한다는 것은 쉬운 일이 아니다'라는 제목으로 기사를 쓴 적이 있었단다.

1937년 린드그렌은 다시 일을 하기 시작했습니다. 범죄학자들의 회의에서 속기를 했지요. 범죄학자란 범죄를 밝혀내고 예방하는 방법을 연구하는 사람들을 말해요. 린드그렌이 일하면서 범죄와 관련된 여러 가지를 배운 것은 나중에 유명한 '명탐정 블롬크비스트' 시리즈를 쓸 때 도움이 되었답니다.

린드그렌은 일을 하면서 독일 나치들의 범죄에 대해서도 알게 되었습니다. 상사의 동료 하나가 베를린에 있는 동생에게 날마다 전화를 했기 때문이에요. 그는 유태인인 동생이 나치에게 잡혀 수용소로 끌려간 것이 아닌지, 매일 확인하고 싶어 했어요.

당시 독일의 유태인은 물론이고 독일과 동맹을 맺은 나라의 유태인은 강제수용소에 갇혀 굶주림과 폭력과 죽음을 겪어야 했어. 나치는 유태인을 모두 죽이려고 했지. 스웨덴 일부에서도 반유태주의, 즉 유태인을 싫어하는 분위기가 있었어. 린드그렌은 일기장에 '유태인과 유태인게 출입금지'라고 써 붙인 서점에 대해 썼어. 그렇지만 물론 스웨덴의 상황은 독일의 상황에 견줄 바가 아니었지.

린드그렌은 처음부터 나치에 반대했습니다. 나치의 우두머리인 아돌프 히틀러를 아주 큰 범죄자로 여겼지요. 린드그렌은 일기장에 세계의 정치적인 상황에 관해 적고 신문 기사를 모았어요. 무슨 일이 벌어지고 있는지 알고 싶었으니까요. 특히 1939년, 제2차 세계대전이 터지고부터는 더했지요.

제2차 세계대전이 시작되자 린드그렌은 대부분의 스웨덴 사람들처럼 '사재기'를 했어요. 전쟁 기간을 버티기 위해 생필품을 미리 사서 저장해 두는 것을 말해요. 생필품이 곧 다 떨어지지 않을까 모두 불안했던 거지요.

 린드그렌은 1939년 9월 4일 일기장에 이렇게 썼어. "오늘 부엌 한 구석에 작은 비상 창고를 만들었다." 그 안에 무엇이 들었을까?

설탕 2kg   각설탕 1kg   쌀 3kg   녹말가루 1kg
커피 1kg   세숫비누 2kg   세제 2봉지   비누 3개
코코아 5봉지   차 4봉지   조미료

곧 전쟁이 일어날지 모른다면 너는 무얼 사고 싶니?

1940년 남편 스투레 린드그렌은 다른 많은 스웨덴 남자들처럼 군대에 갔습니다. 혹시라도 독일이 스웨덴을 침략할 경우 나라를 지키기 위한 훈련을 해야 했지요. 스투레는 군대 생활이 너무 끔찍해서 가능하면 빨리 집으로 돌아가고 싶었답니다.

린드그렌은 그동안 스웨덴 정보통신부의 편지 검열부에서 일했어요. 그 일은 극비였고, 아무에게도 그 일에 관해 이야기하면 안 되었지요. 린드그렌은 외국에서 보내온 스웨덴 군인의 편지를 읽고 전쟁 중 비밀을 유지해야 하는 정보가 들어 있는지 찾아냈지요. 편지 내용 중 그런 부분이 발견되면 읽을 수 없도록 검정색으로 칠했답니다. 그리고

편지를 다시 봉하고 '편지 검열 완료'라는 도장을 찍었어요. 이 일을 하면서 린드그렌은 일반인은 거의 알 수 없는 전쟁 상황에 대한 정보를 얻었지요.

달라가탄에 있는 린드그렌의 집

일 년 뒤 남편 스투레는 스웨덴 자동차협회의 회장이 되었습니다. 돈을 더 많이 벌게 되었지요. 그래서 달라가탄에 있는 새로운 집으로 이사를 했답니다. 새 집은 전에 살던 집보다 넓었고 더 좋았어요. 아이들은 각자 자기 방이 생겼고요. 집은 편안했고, 책장도 많고, 고풍스러운 가구에, 벽에는 아름다운 그림이 걸려 있었지요. 린드그렌은 이 집에서 세상을 떠날 때까지 살았고, 집안 모습은 나중에도 별로 달라지지 않았지요. 린드그렌은 새 집이 정말 마음에 들었지만, 전쟁으로 머물 곳을 잃은 사람들을 생각하면 편안하게 지내는 것에 죄책감이 들기도 했답니다.

여름에 린드그렌은 가족들과 함께 스톡홀름 앞에 있는 작은 섬 푸루순드에 갔어요. 스웨덴과 노르웨이, 핀란드 해안에는 푸루순드와 같은 작은 암초 섬이 많이 있지요. 원래 말뫼에 살았던 스투레의 부모님은 아들과 가까이 살기 위해 푸루순드에 집을 얻었답니다.

푸루순드에 있는 린드그렌의 집

처음에는 시부모님을 만나러 그곳에 가곤 했지요. 나중에 시부모님이 돌아가시자 린드그렌은 그 집을 사서 여름이면 늘 그곳에서 지냈답니다. 그 집은 유리로 된 베란다가 있는 오래된 붉은 나무 집으로, 하얀 나무 계단과 난간이 있었어요. 나무와 덤불로 둘러싸인 집은 바다 바로 앞의 바위 위에 있었지요. 혹시 『우리는 살트크로칸에서』[15]에 나오는 집을 알고 있나요? 그 책에 나오는 집이 푸루순드의 집과 비슷하답니다.

린드그렌의 삶에 큰 영향을 미친 곳은 세 곳이었어. 어린 시절을 보낸 농장 네스가 있는 빔메르뷔와 어른이 되어 살았던 대도시 스톡홀름, 그리고 여름을 보낸 작은 섬 푸루순드. 이곳들은 나중에 린드그렌의 동화에 등장한단다.

3. 작가가 된 린드그렌

삐삐의 탄생

린드그렌이 푸루순드를 상상 속의 섬 '살트크로칸'으로 탄생시키기 이전에 먼저 린드그렌의 첫 번째 책이자 가장 유명한 책인 『삐삐 롱스타킹』이 탄생해야 했지요. 『삐삐 롱스타킹』이 탄생하기까지는 오랜 시간이 걸렸어요. 린드그렌은 이 책이 어떻게 탄생하게 되었는지에 대해 자주 이야기했답니다. 왜냐하면 그게 재미있고도 좀 엉뚱했거든요.

어떻게 이야기가 시작된 것일까요?

때는 1941년 겨울. 린드그렌의 딸 카린은 8살이었는데, 폐렴에 걸렸었어요. 오랫동안 침대에 누워 지내야 할 만큼 큰 병이었지요. 너무나 지루해하던 카린은 엄마에게 '삐삐 롱스타킹 이야기'를 들려 달라고 졸랐답니다. 삐삐 롱스타킹은 카린이 즉석에서 생각해 낸 이름이었지요. 린드그렌은 곰곰이 생각했어요. 이렇게 희한한 이름을 가진 아이라면, 틀림없

8살 때의 카린

이 굉장히 희한한 사람일 거라고 말이에요. 그래서 세상에서 제일 힘센 소녀 삐삐 롱스타킹의 이야기가 탄생한 것이랍니다. 아이들과 친구들이 이야기를 너무나 재미있어해서 린드그렌은 날마다 삐삐 롱스타킹 이야기를 들려주어야 했지요.

그리고 3년 후 어느 날 린드그렌은 빙판길에 미끄러졌어요. 발이 삐어 한동안 집의 소파에 누워 있어야 했지요. 그리고 이번에는 린드그렌이 지루해하다 삐삐 이야기를 글로 쓰기 시작했답니다. 그사이 열한 살이 된 카린의 생일 선물로 말이에요.

린드그렌은 완성된 책을 딸에게만 선물한 것이 아니라 출판사에도 보냈답니다. 출판사에서 대답이 오기까지는 거의 5개월이나 걸렸지요. 출판사는 이 책을 원하지 않았어요.

여러분, 상상이 가나요? 출판사 사람들은 이야기가 괜찮긴 하지만, 삐삐가 너무 버릇없고 고집 센 소녀라 출판하고 싶지 않다고 했답니다. 출판사에서는 어른들이 이런 황당하기 짝이 없는 주인공을 아이들에게 모범이 될 만하다고 여기지 않을 거라고 생각한 것이지요.

책을 거절한 출판사는 아주 유명한 어린이책 출판사란다. 그 출판사 사람들은 나중에 『삐삐 롱스타킹』을 출판하려 하지 않은 것을 두고두고 후회했을 거야. 왜냐하면 그 책은 가장 유명한 스웨덴 어린이책이 되었으니까.

어쨌든 『삐삐 롱스타킹』은 출판되지 못했지요. 그리고 린드그렌은 여전히 작가가 아니었고요. 그렇지만 글을 쓰는 것에 큰 재미를 붙인 린드그렌은 무조건 계속 글을 쓰고 싶었어요. 그리고 '라벤 오크 셰그렌'이라는 작은 출판사에서 소녀를 위한 소설 공모전을 열자, 거기에 응모했어요. 책 제목은 '브리트 마리는 마음이 가벼워졌어요'였고, 2등 상을 받았지요.

린드그렌은 굉장히 기뻐했어요. 상을 받게 되었다는 편지를 받자 온 집 안을 춤을 추며 돌아다녔지요. 나중에 린드그렌은 어떤 상을 받아도 처음에 상을 받았을 때만큼 기쁘지는 않았다고 말했답니다.

한순간에 린드그렌은 작가가 되었어요. 그때는 벌써 38살이었고, 여러 분야에서 일도 했었지요. 하지만 그제야 비로소 진정한 직업과 인생의 목적을 발견한 거예요. 린드그렌은 글을 쓰는 것을 멈출 수 없었답니다. 『삐삐 롱스타킹』의 초안을 다듬고, 삐삐를 조금 덜 당돌하고 조금 더 상냥한 아이로 만들었지요. 그리고 『우리는 모두 떠들썩한 마을의 아이들』이라는 책을 쓰기 시작했어요. 1945년에 라벤 오크 셰그렌 출판사가 이번에는 어린이책으로 두 번째 공모전을 열자, 린드그렌은 두 동화를 다 응모했어요. 『삐삐 롱스타킹』은 최우수상을 받았고, 책으로 출판되었지요. 『우리는 모두 떠들썩한 마을의 아이들』은 상을 받지 못했지만, 출판사에서는 그 책도 출판하고 싶어 했어요.

린드그렌은 동화 작가가 되었단다. 거기에는 수많은 우연이 있었어. 행복한 어린 시절 이야기를 들려주기 좋아하던 아버지와 할머니 린드그렌에게 책을 읽어 주던 하인의 딸 삐삐 롱스타킹 이야기를 들려 달라고 조른 딸 빙판길에서 발목을 삔 일 그리고 왠지 그렇게 되기로 되어 있었던 운명 같은 것. (린드그렌이 어렸을 때 괜히 사람들이 빔메르뷔의 셀마 라겔뢰프라고 부른 것은 아닐 거야.)

린드그렌은 글쓰기를 정말 좋아했습니다. 살면서 가끔 걱정되는 일이나 불안한 일이 있어도, 혹은 병이 나 아플 때도 글을 쓰면 다시 행복했던 어린 시절로 돌아갈 수 있었답니다. 린드그렌은 이렇게 말했어요. "나는 나 자신을 위해 책을 씁니다. 내가 즐거워지고 싶어서, 그리고 나를 어린 시절로 돌아가게 하기 위해서 글을 쓰지요." 린드그렌은 그 시절 다른 동화 작가들처럼 아이들을 가르치거나 교육시키기 위해 글을 쓴 것이 아니었답니다. 바로 그런 점 때문에 그때나 지금이나 아이들이 린드그렌의 동화를 사랑하는 것이지요.

『삐삐 롱스타킹』은 서점에 나오자마자 아주 인기가 좋았어요. 모두가 책에 푹 빠졌지요. 단 2주 만에 2만 권 이상이 팔렸답니다. 크리

스마스이브에도 출판사는 아이들이 크리스마스 선물로 받을 수 있도록 쉬지 않고 책을 포장했지요.

하지만 일 년 뒤, 두 번째 책이 나오자 갑자기 비판이 거세어졌어요. 어떤 유명한 교수가 '삐삐 롱스타킹' 시리즈에 대해 나쁜 평을 썼거든요. 아스트리드 린드그렌은 글쓰기에 재능이 없고, 삐삐는 정신병자같이 행동하며, 이야기는 웃기지도 않는다는 주장이었지요. 거기에 삐삐가 아이들에게 나쁜 영향을 끼칠까 두려웠던 몇몇 부모와 교사가 거들고 나섰어요. 다른 사람들은 그에 맞서 책을 옹호했지요. 그 사람들은 착하지도 않고 말을 잘 듣지 않는 어린이책 속의 영웅이 있다는 것은 중요하다고 생각했어요.

그 교수의 이름은 욘 란드퀴스트였고, "평범한 아이는 크림 케이크를 순식간에 먹어 치우거나 맨발로 설탕 위를 걸어 다니지 않는다. 두 행동은 정신병자라는 단어를 떠올리게 한다."고 썼어. 맞아! 평범한 아이는 말을 번쩍 들어 올릴 수도 없고, 또 삐삐는 평범한 아이가 아니지. 너희도 혹시 삐삐가 정신병자 같다고 놀랐었니?

그런데 린드그렌은 그에 대해 어떻게 생각했을까요? 그 논쟁에 전혀 끼어들지 않았답니다. 그 대신 쉬지 않고 새 책을 썼지요. 3년간 여섯 권을 썼어요. 그리고 모두 좋은 반응을 얻었답니다!

책이 성공을 거두면서 린드그렌은 아주 빨리 이름이 알려지게 되었어요. 유명해진 거지요. 그렇지만 린드그렌은 그런 것에 신경 쓰지 않았습니다. 일기장에 이렇게 썼지요. "나는 아주 아주 조금 유명해졌다! 그렇지만 그것에 대해서는 쓰고 싶지 않다." 어쨌든 아스트리드 린드그렌은 이제 잘 알려진 작가가 되었지요. 그렇게 되기까지 오래 걸렸지만요.

1946년부터 린드그렌은 라벤 오크 셰그렌 출판사에서 반나절씩 원고 심사하는 일을 했어요. 린드그렌은 아직 출판되기 전의 다른 작가들 원고를 많이 읽어야 했답니다. 어떤 글을 통과시키고 출판해야 할지 결정했지요. 그리고 글을 더 다듬기 위해 작가들과 같이 일했어요.

그때부터 린드그렌은 오전에는 집에서 자신의 책을 썼고, 오후에는 출판사에서 원고를 봤습니다. 일을 모두 하기 위해 집에서는 가정부를 썼어요. 아이들은 그사이 많이 컸지요. 라르스는 벌써 20살이 되었고, 카린은 13살이었어요.

1948년 무렵의 린드그렌

세월이 가면서 린드그렌 부부와 라르스, 카린 네 가족에게도 변화가 왔습니다. 라르스는 독립해 결혼하여 아이를 낳았습니다. 1950년 남편 스투레는 큰 병이 들었어요. 린드그렌은 남편을 극진히 간호했지만, 남편은 병을 이기지 못하고 2년 뒤에 세상을 떠났지요. 카린은 그 사이 19살이 되어 자신의 인생을 살고 싶어 했고요.

　　린드그렌은 어땠을까요? 이제 가족들과 함께가 아닌, 혼자 살아야 한다는 사실에 익숙해져야 했지요. 린드그렌은 성공한 작가가 되어 있었고 사람들에게 알려진 인물이 되었지요. 그사이 책도 많이 썼고, 연극 대본과 영화 시나리오도 썼어요. 상도 많이 받았고요. 그래도 가족들과 함께 오래 살았던 달라가탄의 집에 아무도 없이 혼자 있을 때면, 일기장에 쓴 것처럼 "혼자 남겨진 작은 돼지"처럼 느껴졌어요.

　　그렇지만 외롭고 쓸쓸한 생각에 빠지기에는 시간이 많지 않았습니다. 그러기에는 할 일이 너무 많았거든요. 카린이 집에서 독립한 뒤에는 혼자라는 낯선 느낌을 살짝 즐기기도 했답니다.

　　린드그렌은 심심하다는 것을 전혀 이해할 수 없었어요. 책을 쓰거나 일을 하지 않을 때는 음악을 듣고, 책을 읽고, 산책을 가고, 전시회에 가고, 친구와 가족을 만나느라 바빴으니까요. 그렇게 한 해 한 해가 지나갔습니다. 토요일에는 가족들을 초대했고, 나중에는 손자 손녀 들도 초대했고, 가족들에게 맛있는 음식을 해 주었지요. 그리고 마디켄 같은 어린 시절 친구들이 있었고, 또 함께 여행을 다니고 자주 전화를 하는 출판사 친구인 엘사 올레니우스도 있었어요. 두 여동생은 스톡홀름에서 살지 않았지만 날마다 전화를 했답니다. 한 동생은 늘 아침에 전화를 했고, 다른 동생은 저녁이면 전화를 하곤 했지요.

1955년 린드그렌은 운전면허를 땄습니다. 린드그렌은 스웨덴에서 제일 비싼 운전면허증이라고 말했답니다. 면허를 따기 위해 도로 주행을 아주 많이 해야 했기 때문이었어요. 린드그렌은 전쟁이 일어날 경우 손주들을 얼른 안전한 곳으로 데리고 가기 위해 운전을 배워야겠다고 결심했어요. 그때는 두 강대국 미국과 러시아가 서로 핵을 가지고 위협을 했던 냉전 시기였거든요. 하지만 린드그렌의 운전면허 선생님은 린드그렌이 자동차를 운전하는 것이 전쟁보다 더 위험하다고 말했답니다. 그래도 린드그렌은 그 말에 전혀 굴하지 않고 크리스마스 하루 전에 운전면허 시험을 보았어요. 시험에 간신히 붙기는 했지만, 차를 잘 모는 운전자가 되지 못하리라는 것은 뻔했지요. 린드그렌은 늘 그랬듯이 걸어 다니거나 자전거를 타고 다녔답니다.

쉬지 않고 쓰다

린드그렌은 쉬지 않고 글을 썼습니다. 글을 쓰는 것은 이제 린드그렌의 인생에서 가장 중요하고도 아름다운 일이 되었지요. 린드그렌은 새벽 다섯 시면 거의 잠에서 깨어 차를 마시고 빵을 먹었어요. 그리고는 편안하게 자리를 잡고 앉았지요. 어디에 앉았을까요? 대부분 침대였어요. 왜 침대냐고요? 침대 머리 부분과 발 부분에 반달 모양의 높은 장식판이 있어서, 린드그렌은 그곳에 기대어 앉아 있을 때 가장 편안했거든요.

침대에 누워 글을 쓰고 있는 린드그렌

린드그렌은 직업 학교에서 배운 속기로 글을 썼어요. 그리고 한 장이 끝나면 몇 번이고 다시 손보았지요. 한 문장을 열 번이나 고친 적도 있답니다. 확실하게 마음에 드는 문장이 나올 때까지 고쳐 썼지요. 그리고 모두 마무리되면 다음 장으로 넘어갔어요. 이렇게 한 장 한 장을 써 나갔답니다. 그렇게 쓴 글을 나중에 작업실에서 타자로 치고 나면 더 이상 한 글자도 고치지 않았지요.

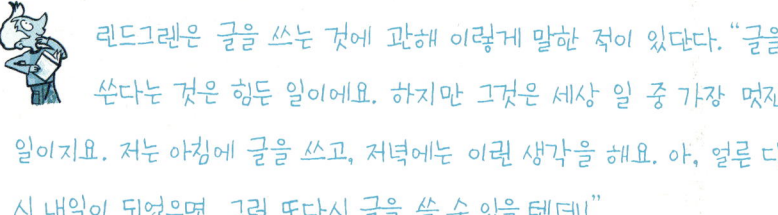
린드그렌은 글을 쓰는 것에 관해 이렇게 말한 적이 있단다. "글을 쓴다는 것은 힘든 일이에요. 하지만 그것은 세상 일 중 가장 멋진 일이지요. 저는 아침에 글을 쓰고, 저녁에는 이런 생각을 해요. 아, 얼른 다시 내일이 되었으면. 그럼 또다시 글을 쓸 수 있을 텐데!"

린드그렌은 어린 시절에 겪은 멋진 일들과 느낌들을 모두 책에 담았어요. 독자들은 책을 읽으면서 그때가 얼마나 아름다웠는지 생생하게 느낄 수 있지요. 린드그렌은 어린 시절의 놀이며 모험, 그리고 자신이 무엇보다 가장 사랑했던 자연에 관해 이야기했답니다.

이야기 속 주인공들은 아주 당돌하기 짝이 없기도 했고, 하지 마라는 일을 하기도 했답니다. 하지만 린드그렌은 절대 독자들에게 '이것 좀 봐, 이런 짓은 하는 게 아니야'라고 말하려 하지 않았어요. 린드그렌은 자신이 쓴 모든 책에서 늘 아이들 편에 서 있었지요.

린드그렌의 동화에는 탐정과 범인이 나오기도 하고, 떠돌이 방랑자와 도둑, 해적이 나오기도 해. 하지만 주인공은 언제나 어린이란다. 왜냐하면 린드그렌은 어린이들을 위해, 또 한때 어린아이였던 자기 자신을 위해 책을 썼거든.

아이들과 놀고 있는 린드그렌

처음에 쓴 책들은 대부분 농장에서 보낸 즐거웠던 어린 시절을 그리고 있지만, 나중에는 진지하고 슬픈 주제에 관해서도 썼습니다. 가난이나 공포, 폭력과 외로움을 경험하는 외롭고 불행한 아이들을 그렸지요. 하지만 이 아이들은 환상의 세계에서 온 주인공들을 만나거나 환상적인 경험을 하면서 위로를 받는답니다. 그리고 린드그렌은 항상 씩씩한 소년 소녀 주인공을 창조했어요. 이 주인공들은 아무리 두려워도 용감하게 자신의 인생을 헤쳐 나가지요.

린드그렌은 동화를 읽는 아이들이 이야기에 공감할 수 있도록 여러 가지 감정을 아주 잘 그려 냈어요. 기쁨과 슬픔, 두려움, 분노, 그리고 그리움이나 순수한 삶의 기쁨 같은 감정을 아주 생생하게 표현해서 독자들이 그 감정을 함께 느낄 수 있었지요. 그리고 책을 읽을 때면 집에 있는 것처럼 편안한 마음이 든답니다. 여러분도 린드그렌의 동화를 읽을 때 그렇지 않나요?

더 나중에 쓴 책들에서는 인생의 커다란 의문에 관해 다루었어요. 선과 악, 사랑과 미움, 외로움과 고독, 두려움, 그리움과 죽음이라는 주제를 다뤘지요. 이런 것들은 아이들이 늘 관심을 가졌던 주제였어요. 린드그렌은 독자들에게 책으로 위로를 주었고, 용기를 북돋워 주었으며, 인생의 모든 문제를 경험하게 해 주었답니다.

린드그렌은 사람들이 아이들에게 드러내기를 꺼려하는 주제에 관해서도 계속 썼어요. 많은 어른들이 질병과 죽음, 증오와 같은 주제는 아이들이 접하지 않도록 보호해야 한다고 생각하지요. 하지만 린드그렌은 아이들을 그저 어린아이로만 생각하지 않았습니다. 린드그렌은 아이들도 질병과 죽음, 증오 같은 것들과 마주하여 소화하지 않으면 안 된다는 것을 알고 있었고, 또 아이들이 그렇게 할 수 있다는 것을 알고 있었지요. 린드그렌은 아이들이 책을 읽으면서 편안하게 보호받는 느낌을 가지도록 이야기를 이끌어 나갔어요. 그랬기 때문에 책 속의 이야기가 때로 끔찍할지라도 아이들은 잘 받아들일 수 있었지요. 그래

작가가 된 린드그렌 83

어떤 이야기를 상상하고 있는 걸까요?

도 몇몇 어른들은 린드그렌을 비판했어요. 다행히 린드그렌은 신경 쓰지 않았지요.

린드그렌이 쓴 책에는 아름다운 이야기나 어둡고 위험한 이야기만 있는 것이 아니라, 웃음이 터져 나오는 재미있는 내용들도 있어요. 아이들은 어른들과는 아주 다른 것에 웃는다는 것을 린드그렌은 알고 있었답니다. 한번은 린드그렌이 자신이 쓴 책 중 한 권을 사람들에게 읽어 준 적이 있었는데, 단 한 명의 웃음소리만 들렸어요. 다른 사람들은 모두 다 어른들이었고, 어른들 틈에 있던 단 한 명의 아이만 린드그렌의 이야기를 이해했지요. 아이가 웃는 것을 보고 린드그렌은 기뻤답니다.

린드그렌은 동화의 아이디어를 자신의 삶에서 찾았어요. 보고 듣고 경험했던 것들과 책에서 읽은 것들을 책 속의 이야기로 활용했지요. 『삐삐 롱스타킹』이 어떻게 탄생했는지는 여러분도 이미 알고 있는 대로고요. 『어스름 나라에서』에 나오는 '릴리옹크바스트'[16]라는 키 작은 아저씨에 대한 아이디어도 딸 카린에게서 영감을 얻었어요. 『미오, 나의 미오』는 어느 날 린드그렌이 출판사에 가는 길에 작은 소년이 혼자 공원 의자에 외로이 앉아 있는 것을 보고 쓰기 시작한 책이에요. 그리고 『사자왕 형제』는 빔메르뷔 공동묘지의 한 비석에 '여기에 어린 나이에 죽은 팔렌 형제가 잠들다. 1860년'이라고 쓰인 글을 읽고 생각해 낸 동화랍니다.

린드그렌은 『사자왕 형제』를 여섯 살짜리 손자 니세를 위해 썼어. 니세는 린드그렌의 아버지, 즉 증조할아버지가 돌아가시고, 또 이어서 삼촌이 자동차 사고로 크게 다친 뒤로 죽음이라는 것을 너무나 무서워했단다. 증조할아버지와 삼촌이 '깊고 어두운 땅속 구덩이'로 들어갔으니까. 린드그렌은 동화를 쓰는 동안 자신이 쓴 것을 니세에게 읽어 주었어. 요나탄이 동생 칼에게 낭기열라에 대한 이야기를 들려주며 위로했던 것과 똑같이 그렇게 니세를 위로해 주었지.

린드그렌은 언어에 관한 기억력이 아주 좋았어요. 한번 들은 말을 잘 기억했다 동화에 쓰곤 했지요. 『마디켄』에 나오는 "걔는 도대체 길바닥에서 조무래기들을 두들겨 패는 것 말고 할 일이 그렇게도 없다니?"라는 말도 그렇고, 『산적의 딸 로냐』에 나오는 "너무 보고 싶어서 심장이 찢어지는 것 같아."라는 말도 그렇게 해서 나온 문장들이지요. 그런 말들이 아주 마음에 든 린드그렌은 잊어버리지 않고 기억하고 있다가 동화를 쓸 때 활용했답니다.

세계 아이들이 함께 읽는 동화

아스트리드 린드그렌이 쓴 책 가운데 첫 번째 책은 가장 유명한 책이기도 하지요. 어떤 책인지 혹시 알고 있나요? 그 책의 주인공에 관해서 몇 가지 알려 줄게요.

- 하고 싶은 것을 한다.
- 아무도 없이 혼자 산다.
- 학교에 가지 않는다.
- 무서운 사람이 아무도 없다.
- 세상에서 제일 힘이 세다.
- 당돌하다.
- 거짓말을 진짜 잘한다.
- 상냥하고 친절하며, 힘이 세다고 그 힘을 나쁜 데 쓰지 않는다.

여러분이 벌써 짐작했듯이, 그 주인공은 바로 삐삐 롱스타킹이랍니다. 누구나 조금은 삐삐처럼 된다면 참 좋겠다고 꿈꿔 보았겠지요? 특히 삐삐처럼 힘이 세면 좋겠다고 생각해 본 적이 있을 거예요.

'삐삐' 시리즈를 프랑스에서 출판하기로 했을 때, 출판사 사람들은 삐삐가 프랑스판에서는 말을 들어 올리지 않았으면 좋겠다고 했어. 조랑말이라면 모를까, 말은 너무 심하다고 했지. 프랑스 아이들은 전쟁을 경험했기 때문에 스웨덴 아이들처럼 쉽게 속아 넘어가지 않을 거라는 얘기였어. 그래서 프랑스 아이들은 삐삐가 정말로 말을 들어 올릴 수 있다고 믿지 않을 거라고 했지. 린드그렌은 프랑스 출판사 마음대로 하라고 허락했어. 하지만 조랑말을 들어 올리는 프랑스 어린이 사진을 자기에게 보내야

한다고 했단다. 린드그렌다운 대꾸였지. 재치 있으면서도 당당하게 정곡을 찌른 거야. 설마 너희들도 프랑스 아이들이 조랑말을 들어 올릴 수 있다고 생각하는 건 아니겠지?

삐삐 롱스타킹을 다른 나라에서는 어떻게 부를까요?

- 스웨덴: 삐삐 롱스트럼프
- 영국: 피피 롱스타킹
- 프랑스: 피피 브랑다시에
- 스페인: 삐빠 메디아슬라르가스
- 포르투갈: 비비 메이아롱가
- 폴란드: 피지아 폰초샨카
- 슬로베니아: 피카 노가비츠카

다음으로 린드그렌은 소녀를 위한 소설 『브리트 마리는 마음이 가벼워졌어요』를 썼어요. 펜팔(편지를 주고받으며 사귀는 친구) 이야기를 담은 책이었지요.

세베드스토르프에는 『우리는 모두 떠들썩한 마을의 아이들』의 배경이 된 세 집이 보존되어 있어요.

그리고 이어 『우리는 모두 떠들썩한 마을의 아이들』이 나왔지요. 책에 나오는 북쪽 집, 남쪽 집, 가운뎃집은 빔메르뷔에서 멀지 않은 세베드스토르프에 있는 세 농가랍니다. 그곳은 린드그렌의 아버지가 자란 곳이에요. 하지만 리사와 라세, 보세, 그리고 다른 아이들은 린드그렌이 생각해 낸 인물들이에요. 린드그렌은 농장에서 보낸 자신의 어린 시절 기억과 오빠와 여동생들과 생각해 낸 놀이들, 실제로 경험했던 모험 이야기를 책에 썼답니다. 그때의 느낌들을 아주 생생하게 썼기 때문에 독자들은 책을 읽으면서 그 시절 그곳이 어땠는지 아주 잘 느낄 수 있었지요. "와, 그곳은 정말 아름다웠구나." 하고 말이에요.

린드그렌은 『삐삐 롱스타킹』으로 최우수상을 탄 뒤, 다시 그 출판사의 공모전에 낼 책을 썼답니다. 이번에는 탐정 동화였어요. 그리고 이번에도 상을 받았답니다. 책 제목은 '명탐정 블롬크비스트'로 스릴이 넘치는 이야기지요. 주인공 칼레 블롬크비스트는 보석 도둑들의 정체를 밝힌답니다. 두 번째 책 『명탐정 블롬크비스트의 위험한 생활』에서는 칼레가 친구 라스무스, 에바 로타와 함께 진짜 살인자를 잡는 것을 돕기도 해요.

어린이가 읽는 책에서 살인을 다룬 것은 당시에는 정말 금기를 깨뜨린 일이었단다. 원래는 그런 이야기를 써서는 안 되었어. 하지만 린드그렌에게는 그런 금기가 통하지 않았지.

다음으로 린드그렌은 『엄지 소년 닐스 칼손』⑰이라는 동화 모음집을 썼고, 청소년을 위한 책으로 『셰르스틴과 나』와 세 권짜리 '카티' 시리즈 『미국에 간 카티』 『이탈리아에 간 카티』 『파리에 간 카티』를 썼어요. 그사이 두 번째 동화 모음집 『카이사 카바트』⑱가 나왔답니다.

1954년 『미오, 나의 미오』가 출판되었습니다. 이 동화에는 나중에 미오가 되는 고아 소년 보세가 나와요. 보세는 스톡홀름에서 머나먼 나라로 여행을 한답니다. 그곳에서 보세는 임금님인 아빠를 만나 새로운 집을 발견하고, 믿음직한 친구를 만납니다. 그리고 무서운 기사 카토로부터 왕국을 구하기 위해 싸우러 가지요. 이 동화에서 린드그렌은 심장이 돌로 되어 있는, 사람과 동물과 자연을 지배하는 잔인하고 끔찍한 적을 그리고 있어요.

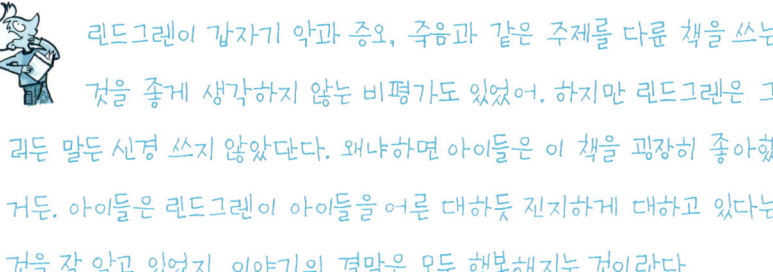
린드그렌이 갑자기 악과 증오, 죽음과 같은 주제를 다룬 책을 쓰는 것을 좋게 생각하지 않는 비평가도 있었어. 하지만 린드그렌은 그러든 말든 신경 쓰지 않았단다. 왜냐하면 아이들은 이 책을 굉장히 좋아했거든. 아이들은 린드그렌이 아이들을 어른 대하듯 진지하게 대하고 있다는 것을 잘 알고 있었지. 이야기의 결말은 모두 행복해지는 것이란다.

다음에 나온 책은 다시 재미있는 책이었습니다. 주인공은 '멋있고 재치 있고 뚱뚱한 땅딸보'였어요. 등에는 조그만 프로펠러를 달고 있었지요. 그렇지만 그리 친절하지 않고 뻔뻔스러운 데다 허풍이 심하고, 또 이기적이었어요. 자기 자신만 생각하는 사람이었죠. 린드그렌은 이렇게 말했어요. "그냥 어쩌다 보니 그렇게 되었어요. 칼손이 착하게 굴고 싶지 않대요." 그래요, 이 책은 바로 『릴레브로르와 지붕 위의 칼손』이에요. 칼손은 릴레브로르에게 온갖 못된 장난을 다 치고, 사탕과 초콜릿, 고기 완자를 슬쩍 가로채고, 또 릴레브로르의 일상을 아주 재미있고 흥미진진하게 만든답니다.

『말썽꾸러기 거리의 로타』[19]에는 삼남매인 요나스, 미아 마리아, 로타가 나오지요. 특히 고집이 세고 말 안 듣는 막내 로타는 독자들에게 열렬한 사랑을 받았답니다. 왜일까요? 그건 로타가 언니 오빠처럼

'뭐든지 할 수 있어서'[20]가 아닐까요? 비록 '몰래' 하는 것이긴 해도 말이에요. 독자들이 로타의 마음을 그렇게 잘 이해할 수 있는 것은 아마 로타가 고집이 세고 말을 듣지 않기 때문이 아닐까요?

같은 해에 『떠돌이 라스무스』가 출판되었습니다. 라스무스는 고아 소년이었지만 어느 날 고아원에서 나왔어요. 왜냐하면 고아원에서는 늘 예쁜 곱슬머리 여자아이들만 입양되고, 라스무스처럼 뻣뻣한 머리칼을 가진 소년은 입양되지 않았거든요. 라스무스는 떠돌이 생활을 하는 오스카 아저씨를 만나 함께 여행길에 오릅니다. 그리고 모험을 하며 즐거운 시간을 보내고 결국 오스카 아저씨 부부의 집에서 함께 살게 됩니다.

라스무스가 등장하는 책으로 『라스무스와 폰투스와 토케르』[21]라는 책이 또 있어요. 이 책에 나오는 라스무스는 고아 소년 라스무스와는 전혀 상관이 없는 아이이고, 또 『명탐정 블롬크비스트』에 나오는 라스무스와도 아무 상관이 없어요. 이름만 같을 뿐이랍니다.
라스무스와 친구 폰투스는 우연히 은그릇을 훔치는 현장을 목격하게 됩니다. 라스무스의 아버지는 경찰관이었기 때문에 두 소년은 그 범죄를 해결해야겠다고 생각합니다. 게다가 아끼는 강아지까지 유괴당해 인질로 잡히지요.

 린드그렌은 이 동화를 영화 시나리오로 먼저 썼어. 그리고 라디오 드라마 대본으로 만들었지. 그리고 나서 책으로 만들었단다.

『마디켄』은 마디켄과 여동생 리사베트의 이야기랍니다. 두 아이는 부모님과 함께 작은 도시에서 살지요. 마디켄은 '엄청나게 기발한 생각'이 많이 떠오르는 아이입니다. 그리고 엉뚱한 아이디어는 무조건 모두 실행에 옮겨야 하지요.

마디켄의 모델은 린드그렌의 어린 시절 친구인 안네 마리, 즉 마디켄이었어. 린드그렌은 친구가 죽은 뒤에야 이 비밀을 밝혔단다. 하지만 나무와 지붕을 기어오르는 것에 푹 빠진 책 속 마디켄의 모습은 린드그렌의 모습이었지. 또 콧구멍에 콩을 집어넣은 것도 린드그렌이 어렸을 때 벌인 일이었단다. 또 사나운 송아지를 피해 나무 위로 소풍을 갔던 것도, 그리고 반에서 어떤 여자아이가 돈을 훔쳤다고 의심을 받아 매를 맞는 것을 보고 엄청나게 화를 냈던 것도 린드그렌이었단다. 린드그렌은 이렇게 어린 시절 직접 경험했던 일들을 책 속에 그대로 펼쳐 놓았지.

유명한 '에밀' 시리즈는 린드그렌의 사랑스러운 영웅 에밀의 이야기랍니다. 에밀은 쉬지 않고 말썽을 부립니다. 사실은 전혀 말썽을 피울 생각이 없었는데도 말이에요. 그러고는 벌로 늘 목공실에 가서 혼자 있으면서 나무로 인형을 깎지요. 하지만 에밀은 가난한 사람들에게

영화 〈뢴네베리아의 에밀〉 속의 에밀

훌륭한 식사를 마련하기도 하고, 가장 친한 친구인 알프레드의 목숨을 구하기도 한답니다.

'에밀' 이야기는 린드그렌의 어린 손자가 무엇인가에 화가 나서 계속 소리를 질러 대자 생각해 낸 거란다. 손자를 달래기 위해 린드그렌은 이렇게 말했어. "그런데 말이야, 에밀이란 녀석이 무슨 짓을 했는지 아니?" 손자는 호기심이 생겨서 소리 지르던 것을 멈추었지. 린드그렌은 어떤 이야기든 생각해 내야 했어. 어렸을 때 아버지가 들려주었던 웃긴 이야기들을 모두 동원했단다. 그런데 린드그렌의 아버지는 이 에밀 이야기를 굉장히 좋아했어. 그래서 린드그렌은 아버지를 방문할 때마다 늘 에밀이 말썽 피운 이야기들을 들려 드렸단다. '에밀' 시리즈의 마지막 책을 쓰고 나서 린드그렌은 눈물을 흘렸어. 이제 다시는 에밀을 만날 수 없어서 슬펐던 거지.

'에밀' 이야기는 모두 세 권이에요. 『뢴네베리아의 에밀』 『뢴네베리아의 에밀의 새로운 장난』『뢴네베리아의 에밀이 아직도 살아 있어요』랍니다.

그리고 이어서『우리는 살트크로칸에서』가 출판되었습니다. 이 동화는 먼저 텔레비전 드라마 대본으로 썼던 이야기예요. 감독인 올레 헬봄이 린드그렌에게 부탁한 것이었지요. 살트크로칸이라는 작은 섬에 놀러 온 어느 가족의 이야기를 그린 동화예요.

몇 년 뒤 앞에 나온 책들과 전혀 다른 책이 또 한번 나왔어요. 이때 린드그렌은 벌써 일흔 번째 생일을 앞두고 있었지요. 이 책은 두 형제가 겪는 사랑과 죽음과 죽음을 이겨 나가는 모습, 두려움과 두려움을 극복하는 모습, 그리고 선과 악의 싸움과 증오와 배신에 관한 이야기랍니다.

이 책에서는 폭력과 마주한 선한 사람들까지 사람을 죽여야 하는 상황이 그려지지요. 그리고 승리의 기쁨 뒤에는 슬픔이 있지요. 승리를 위해 지불하지 않으면 안 되는 대가가 있으니까요. 결국 두 형제는 또 다른 꿈의 나라로 가기 위해 절벽에서 뛰어내립니다. 이 책을 본 적이 있나요? 책 제목이 무엇일까요? 맞아요, 바로『사자왕 형제』랍니다.

어른 독자들은 절벽에서 뛰어내리는 것을 죽음으로 뛰어내리는 것, 즉 자살로 해석했어. 린드그렌이 동화에 자살에 관해 쓰다니, 있을

수 없는 일이라고 생각하는 사람들이 많았지. 하지만 아이들은 그 내용을 다르게 읽었단다. 아이들은 형제가 아름답고 신비한 나라, 평화가 흐르는 나라 낭길리마로 간 것으로 보았어. 아이들은 책의 결말을 해피엔딩으로 받아들였고, 많은 아이들이 이 책을 가장 좋아하는 책이라고 얘기한단다.

린드그렌이 마지막으로 쓴 작품은 『산적의 딸 로냐』입니다.[22] 이 동화는 1981년에 출판되었어요. 그때 린드그렌은 벌써 75살이었답니다. 그 나이에도 또다시 새로운 이야기를 생각해 낸 것이지요. 이 책에서는 악과 싸우는 선한 주인공은 한 사람이 아니라 두 사람이랍니다. 그리고 선과 악 사이의 확실한 구분도 더 이상 없어요. 책 속에서 로냐는 사랑하는 아버지가 부당하게 행동하자 망설임 없이 아버지와 맞서지요. 그리고 이 책에 나오는 인물들은 모두가 산적이에요. 즉, 폭력을 휘두르고 살면서 다른 사람들의 물건을 빼앗는 사람들이지요. 하지만 끝에는 서로 용서하고 행복한 결말로 끝납니다. 린드그렌 동화가 늘 그렇듯 말이에요. 그것으로 독자들에게 위로를 주고, 또 린드그렌 자신도 위로를 받는 거지요.

4. 동화책을 넘어서

동화책을 넘어서

영화가 된 이야기들

영화 속의 토미, 삐삐, 안니카

　린드그렌 동화는 영화나 텔레비전 드라마로 만들어진 것이 아주 많습니다. 어떤 책은 먼저 영화나 드라마로 먼저 나오고 그 뒤에 나오기도 했답니다. 린드그렌 동화에 나오는 인물들을 생각하면 당시 텔레비전에 나왔던 배우들이 떠오르곤 하지요. 특히 삐삐와 토미, 안니카 같은 주인공들 말이에요.

린드그렌의 책 대부분을 영화와 드라마로 만든 올레 헬봄 감독은 린드그렌과 좋은 친구 사이였고, 린드그렌은 그를 전적으로 신뢰했어요. 린드그렌은 자신의 동화를 원작으로 한 영화 시나리오를 모두 직접 썼답니다. 왜냐하면 〈삐삐 롱스타킹〉의 첫 번째 영화는 다른 사람이 시나리오를 썼는데, 정말 엉망이었고 전혀 마음에 들지 않았거든요.

1960년대에 〈삐삐 롱스타킹〉을 텔레비전 드라마로 새로 찍기로 하고 배우를 모집하자, 삐삐 역을 맡으려고 지원한 소녀가 8,000명이나 되었답니다. 그중에는 5살짜리 아이도 있었고, 어른들도 있었지요. 그리고 9살짜리 잉에르 닐손이 나타났을 때 감독은 이렇게 생각했답니다. "저 아이는 진짜 삐삐처럼 생겼네! 하지만 저 애는 틀림없이 연기를 못할 거야. 연기까지 잘한다면 그건 너무 완벽하잖아."

하지만 잉에르 닐손은 연기를 잘했고, 삐삐 롱스타킹이 되었지요. 사실 잉에르는 실제로는 조금 겁이 많고 수줍음이 많은 아이였고, 얌전한 안니카 역을 맡은 마리는 오히려 말괄량이에 겁이 없었답니다. 재미있지요?

닐손 씨를 연기한 작은 원숭이는 사실 좀 골치였어요. 잉에르의 옷에 오줌과 똥을 싸고 잉에르의 어깨에 앉으면 땋은 머리를 물었거든요. 잉에르는 동물을 정말 무서워했어요. 하지만 시청자들은 전혀 눈치 채지 못했지요. 시청자들은 드라마를 정말 재미있어했고, 다람쥐원숭이 키우기가 유행할 정도였어요. 심지어 동물 상점에서 훔쳐 가는

사람들도 있었지요. 결국 사람들은 다람쥐원숭이가 야생동물이고, 길들이기가 아주 어렵다는 것을 알게 되었지만요.

〈삐삐 롱스타킹〉에서는 눈속임을 많이 썼답니다. 9살짜리 잉에르가 말을 들어 올릴 수도 없었고, 건장한 어른들을 공중으로 던질 수도 없었기 때문이지요. 그래서 드라마 제작자들은 여러 가지 장치와 눈속임을 써야 했어요. 실제로 잉에르는 수영도 할 줄 몰랐고, 말을 타거나 스케이트도 탈 줄 몰랐지요.

 그런 장면이 나올 때마다 잉에르는 대역을 썼단다. 말하자면 다른 아이가 잉에르의 옷을 입고 빨간 가발을 쓰고 삐삐 역할을 하는 거야. 그리고 삐삐 얼굴이 멀리서 보이게 찍었지. 가끔은 감독의 아이들 중 하나가 대역을 맡기도 했고, 가끔은 토미 역을 했던 소년이 대역을 하기도 했어. 그 소년은 운동을 아주 잘했고, 곡예도 아주 잘했거든. 하지만 여자아이 옷을 입고 돌아다니는 것을 창피해했단다.

삐삐가 사탕 가게에 가서 가게 안의 사탕을 몽땅 사는 장면을 찍는 날, 제작사는 사탕을 굉장히 많이 사다 놓았답니다. 촬영이 끝나고 아이들은 막대 사탕이며, 껌, 젤리 들을 몽땅 나눠 가질 수 있었어요. 완전히 축제 분위기였지요!

〈삐삐 롱스타킹〉은 스웨덴과 독일에서 연속극으로 방송되었고, 촬영은 3년 동안 계속됐답니다. 그리고 나자 삐삐와 토미, 안니카는 더 이상 평범한 아이가 아닌, 인기 배우가 되었지요. 세 아이는 어딜 가나 사람들의 관심을 끌었고, 여러 행사에 출연했어요. 〈뢴네베리아의 에밀〉에서 에밀과 이다 역을 맡았던 아이들의 경우도 비슷했지요.

 스웨덴의 아동 노동 반대법 때문에 아이들은 드라마를 찍고 겨우 한번 돈을 받았단다. 그에 비해 어른 배우들은 몇 년 동안 계속 출연료를 받았어. 촬영이 끝나고도 드라마가 어딘가에서 상영되면 늘 정해진 금액의 돈을 받았지. 이건 좀 불공평하지 않니?

영화 〈우리는 모두 떠들썩한 마을의 아이들〉에 나오는 개 이름은 원래 아케였는데, 아이들은 늘 개를 책에 나온 이름대로 스비프라고 불렀어요. 하지만 개는 그 이름을 '앉아'라는 말로 알아듣고 아이들이 자기를 부르면 자리에 앉았답니다. 그러다 개가 너무 혼란에 빠져 사나워지는 바람에 어느 날 더 이상 영화를 찍을 수 없게 되었죠. 스비프 역은 다른 개로 바꾸게 되었어요. 그런데 새로 온 개는 털이 하얀색이어서 전과 똑같아 보이게 하기 위해 개에게 구두약을 칠했답니다.

연속극 〈우리는 살트크로칸에서〉를 찍기 위해 배우를 모집하자, 수천 명의 아이들이 모여들었습니다. 감독은 거의 마지막에 한 여자아이를 만나고는 정말 기뻐했어요. 왜냐하면 그 아이는 감독이 상상했던 주인공 소르벤의 모습과 아주 똑같았거든요. 하지만 이미 다른 아이가 이 역을 맡기로 되어 있었지요. 모두 이 배우를 놓치기 아쉬워하자, 린드그렌은 얼른 새로운 인물 스티나를 만들었답니다.

암초 섬에서의 촬영 작업은 아주 즐거웠어요. 어린 스크롤란은 맡은 배역을 하고 나면 상으로 늘 사탕을 받았답니다. 영화에서 보츠만이라고 불린 커다란 개는 원래 이름이 시저였는데, 사랑스러운 세인트 버나드 종이었어요. 개는 늘 소르벤을 졸졸 따라다녔지요. 소르벤 역을 맡은 아이가 바지 주머니에 고소한 냄새를 풍기는 마른 멸치를 넣고 다녔거든요.

 영화나 드라마를 촬영할 때 린드그렌이 늘 지켜보지는 않았어. 감독이 알아서 잘 하리라는 것을 믿고 있었거든. 린드그렌은 이따금씩 커다란 케이크를 들고 촬영장에 들렀지. 그럼 모두들 기뻐했단다. 특히 아이들이 좋아했어. 케이크를 한 조각씩 얻어 먹을 수 있었으니까.

눈속임을 제일 많이 썼던 영화는 〈산적의 딸 로냐〉였습니다.

🌼 마티스 성은 사실 작은 세트랍니다
🌼 등장인물들이 흘린 눈물은 투명한 기름이었어요.
🌼 비가 내리는 장면은 소방차가 뿌린 물이었어요.
🌼 폭풍은 헬리콥터가 만들어 냈지요.
🌼 말라깽이 페르 역을 맡은 배우는 매일 새벽 네 시에 일어나야 했어요. 분장이 그만큼 오래 걸렸기 때문이지요.
🌼 회색 난쟁이들은 6살에서 7살짜리 아이들이 연기했어요. 아이들은 털이 북실한 의상을 입고, 눈앞에는 플래시 두 개를 켰어요. 아이들은 영화를 찍는 내내 촬영장을 뛰어다니면서 사람들을 놀라게 하고, 쉬는 시간에는 바나나를 슬쩍하기도 했답니다. 그중 한 아이는 조명 담당자의 다리를 물기도 했어요. 자기가 맡은 역할에 너무 깊이 빠졌던 거지요.

지금까지도 많은 사람들이 린드그렌의 동화를 떠올리면 영화를 함께 떠올린답니다. 올레 헬봄 감독은 25년 동안이나 '떠들썩한 마을' '에밀' '지붕 위의 칼손' 시리즈를 영화로 찍었고, 텔레비전 연속극 〈삐삐 롱스타킹〉과 〈우리는 살트크로칸에서〉를 만들었어요. 영화 감독으로서 그의 인생에서 린드그렌 동화는 아주 큰 부분이었지요.

린드그렌과 올레 헬봄, 그리고 〈산적의 딸 로냐〉에서 로냐와 비르크 역을 맡은 아이들

약자의 편에서

린드그렌이 『삐삐 롱스타킹』으로 갑자기 유명해졌을 때는 나이가 거의 40살이 다 되었을 때였습니다. 그때부터 린드그렌은 자주 인터뷰를 하고 라디오와 텔레비전 방송에 나오게 되었어요. 하지만 늘 개인적인 생활, 특히 가족들의 모습은 공개되지 않도록 노력했지요.

린드그렌은 기회가 있을 때마다 아이들의 권리에 관한 이야기를 했어요. 아이들도 어른들과 똑같이 존중해서 대해야 한다고 항상 되풀이해서 이야기했지요.

또한 중요하다고 생각하는 일이 있을 때는 다른 주제들에 관해서도 이야기하거나 글을 썼어요. 그러면 사람들은 린드그렌의 말에 귀를 기울이고 린드그렌의 의견을 따르기도 했습니다. 특히 1970년대 중반부터 그랬지요. 한번은 잘못된 세금 인상 정책으로, 린드그렌과 같은 일부 사람들은 수입보다 더 많은 세금을 내야 했어요. 린드그렌은 말이 안 된다고 생각했고 1976년, 폼페리포사라는 여자가 나오는 동화를 썼답니다. 동화 속에서 폼페리포사는 작가인데 돈을 번 것보다 더 많은 세금을 내야 했지요. 이 동화는 스웨덴의 한 신문에 실렸어요. 이 신문을 읽은 스웨덴 재무장관은 기분이 좋지 않았지요. 재무장관은 "아스트리드 린드그렌은 좋은 작가이긴 하지만, 정치와 세금에 관해서는 아는 바가 없다."라고 말했어요.

그 말은 상당히 무례한 말이었고, 린드그렌은 늘 그렇듯 당당하고 재치 있게 맞받았어요. "그 말을 듣고 나는 그의 말을 뒤집어서 이렇게 말했답니다. '그는 계산은 할 줄 모르지만 동화는 잘 쓴다. 그러니 아무래도 우리의 직업을 서로 바꾸는 것이 나을 것 같다.'고요."

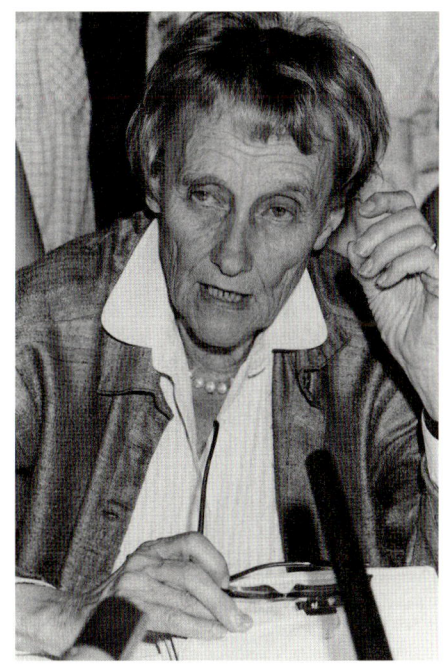

린드그렌의 말과 글은 스웨덴 사회에 큰 영향을 미쳤어요.

뒤이어 격렬한 정치적 논쟁이 벌어졌어요. 여당이었던 사회민주당은 린드그렌을 비판했고, 다른 당들은 린드그렌의 기사를 선거에 이용했지요. 그때는 곧 새 정부를 선출할 시기였거든요.

린드그렌은 오랜 기간 동안 사회민주당을 지지했고 꼬박꼬박 세금을 냈었어요. 하지만 버는 것보다 더 많은 세금을 내야 하는 것은 도저히 받아들일 수 없는 일이었어요. 그래서 저항하기로 한 것이었지요.

린드그렌은 신문 기사를 계속 썼고 이번에는 사회민주당을 뽑지 말자고 사람들에게 권했어요. 그리고 믿을 수 없는 일이 일어났습니다. 40년 만에 처음으로 사회민주당이 선거에서 졌답니다. 사람들은 거기에는 린드그렌도 한몫을 했다고 이야기했지만, 정작 린드그렌은 자신이 정말 그렇게 큰 영향을 미쳤다는 것에 놀라워했답니다.

그 뒤에도 린드그렌은 뭔가 잘못되었거나 불공평하다고 여기는 것이 있으면 말문을 열었습니다. 1978년 린드그렌은 독일의 중요한 문학상인 '독일 출판협회 평화상'을 받았어요. 상을 받기 위해 프랑크푸르트에 초대받은 린드그렌은 연설을 했어요. 받은 상이 평화상이니 평화에 관해 이야기를 했지요. 린드그렌은 평화는 가정에서 시작해야 한다고 말했어요. 평화로운 세상을 원한다면 자녀를 폭력 없이 키워야 한다고 말이에요. 그리고 어떤 할머니가 해 준 이야기를 들려주었어요.

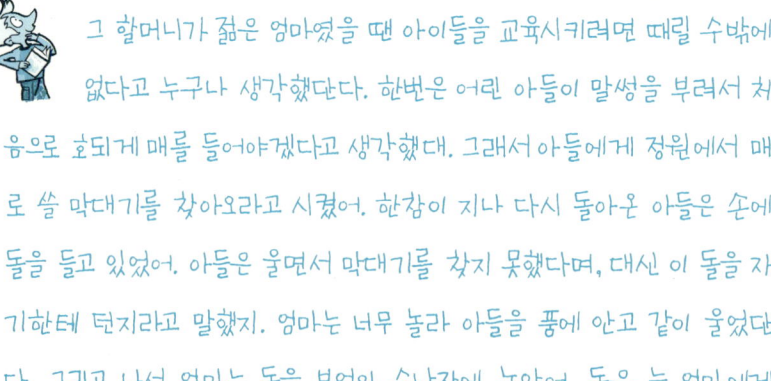

그 할머니가 젊은 엄마였을 땐 아이들을 교육시키려면 때릴 수밖에 없다고 누구나 생각했단다. 한번은 어린 아들이 말썽을 부려서 처음으로 호되게 매를 들어야겠다고 생각했대. 그래서 아들에게 정원에서 매로 쓸 막대기를 찾아오라고 시켰어. 한참이 지나 다시 돌아온 아들은 손에 돌을 들고 있었어. 아들은 울면서 막대기를 찾지 못했다며, 대신 이 돌을 자기한테 던지라고 말했지. 엄마는 너무 놀라 아들을 품에 안고 같이 울었단다. 그리고 나서 엄마는 돌을 부엌의 수납장에 놓았어. 돌은 늘 엄마에게 아주 중요한 것을 기억하게 해 주었지. 절대 폭력은 안 된다는 걸!

그리고 일 년 뒤 스웨덴에서는 체벌금지법이 발표되었답니다. 독일에서는 21년 뒤인 2000년에야 이런 법이 제정되었지요. 그전까지 독일 기자들은 스웨덴을 조롱하기까지 했답니다. 스웨덴에서는 아이들이 부모에게 뺨을 맞았다고 고소할 수 있다며 말이에요. 하지만 아이들에게 폭력을 쓰는 것이 법으로 금지되자 아이들에 대한 폭력이 실제로 줄어들었답니다.

아이들을 존중할 것과 아이들에 대한 어떤 형태의 폭력이든 반대한다는 린드그렌의 호소는 전 세계 많은 사람들의 지지를 받았어요. 린드그렌 덕분에 오늘날 부모들은 자녀를 때리는 것은 부모가 가진 권리라고 더 이상 생각하지 않게 되었어요. 현재 많은 나라에서 아이들이 맞지 않을 권리를 법으로 보장하고 있답니다.

1980년대 초에 스웨덴에서는 다른 나라들과 마찬가지로 원자력에 대한 논의가 크게 일어났습니다. 린드그렌은 여기에도 입장을 밝혔어요. 그가 뭐라고 말했을 것 같나요? 린드그렌은 원자력에 반대했지요. 원자력 에너지를 만들어 내기 위해 땅을 파괴하고, 그럼으로써 자연을, 또 린드그렌이 그토록 사랑하는 아이들을 파괴할 위험을 무릅쓴다니, 믿을 수 없을 만큼 바보 같은 짓이라고 생각했습니다. "책임감 없고 용서할 수 없는" 일이라고 생각했지요.

린드그렌의 말은 아주 간단하고 누구나 쉽게 이해할 수 있었어. "너무나 위험해서 그것을 다루는 사람들이 절대 실수를 하면 안 되는 것을 어떻게 만들 수 있나요? 실수를 하지 않는 사람은 아무도 없습니다. 그리고 어떻게 위험한 쓰레기가 나오는 것을 만들 수 있나요? 그 쓰레기를 처리할 방법을 아직 전혀 알지 못하는데 말입니다." 이 논지는 오늘날까지도 중요하게 여겨지고 있단다.

1985년 닭과 송아지와 함께 있는 린드그렌

1985년에서 1988년까지 린드그렌은 스웨덴의 동물 사육에 관한 기사를 여러 편 썼습니다. 정확히 말하면 가축 사육에 관한 기사였어요. 소, 돼지, 닭 등 사람들이 고기나 달걀, 우유 등을 먹기 위해 기르는 동물들 말이에요.

농장에서 동물들과 함께 자란 린드그렌은 사람들에게 동물들도 생명체이며 아픔과 두려움, 고통을 느낀다는 것을 알려 주고 싶었어요.

린드그렌은 이런 점들을 끔찍하다고 여겼습니다.

- 오늘날 많은 동물들이 더 이상 자신의 본모습에 맞게 살 수 없는 점
- 대규모 사육 단지에 있는 수천 마리의 동물들이 비좁은 우리에 갇혀 있는 점
- 소들이 더 이상 여름 들판에 나가 보지도 못하는 점
- 소들이 똥을 싸면 전기 쇼크를 받는 점(전기쇼크를 받으면 놀라 뒤로 한 걸음 물러서면서 쇠똥이 오물받이에 떨어지고, 그렇게 되면 청소하기 편리하기 때문이죠.)
- 갓 태어난 송아지에게 무조건 항생제를 투여하는 점
- 돼지가 좁은 우리에서 스트레스를 받고 공격적이 되는 점
- 닭들이 비좁은 닭장에 갇혀 털이 다 뽑힐 때까지 서로 깃털을 잡아 뜯는 점
- 모든 동물들이 도살장으로 가면서 끔찍하게 고통을 받는 점

여러 해에 걸쳐 린드그렌은 잔인한 가축 사육에 관한 글을 써 사람들에게 알리고, 보다 나은 법을 제정하기 위해 계속해서 의견을 내놓았습니다. 린드그렌이 쓴 글은 슬픈 주제임에도 불구하고 유머스러웠고, 또 신랄하기도 했지요. 예를 들어, 어떤 글 속에서 돼지 아우구스타는 스트레스에 너무 시달린 나머지 고기 맛이 없어지자 기뻐합니다.

하지만 이런 글이 계속 실려도 정부는 꿈쩍을 하지 않았어요. 결국 린드그렌은 직접 스웨덴 수상에게 글을 썼고, 수상은 린드그렌의 집을 방문해 의견을 들었지요. 수상은 린드그렌을 적으로 만드는 것은 정치가로서 현명하지 못한 일이라는 걸 알고 있었지요.

그리고 린드그렌의 여든 번째 생일이었던 1987년 11월 14일, 수상은 린드그렌에게 새로운 동물보호법을 선물로 안겨 주었지요. 언론은 이 법을 두고 '린드그렌법'이라고 불렀습니다.

린드그렌은 환호했어요. 하지만 잠시뿐이었지요. 새로운 동물보호법을 자세히 살펴본 린드그렌은 새 법이 '야비하다'고 생각했어요. 동물들을 위한 실제적인 개선은 거의 없이 그저 말만 번지르르한 법이었거든요. 린드그렌이 원한 것은 이루어지지 못했습니다.

그렇지만 노력은 변화를 가져왔습니다. 많은 사람들이 동물 사육과 동물 보호에 관해 린드그렌이 쓴 기사를 읽었고 그에 관해 깊이 생각하게 되었어요. 사람들은 생각을 바꿨고, 그런 끔찍한 환경에서 살다 죽어야 하는 동물의 고기를 먹는 것을 더 이상 원하지 않았어요. 아예 육식을 하지 않겠다는 사람들도 있었고, 고기를 적게 먹거나 바르

농림부 장관에게 자신의 의견을 들어 달라고 부탁하고 있는 린드그렌

게 기른 동물의 고기만 먹는 사람도 있었답니다.

    2년 뒤 린드그렌은 당시 소련의 지도자였던 미하일 고프바초프에게 편지를 썼습니다. 린드그렌은 그가 평화회담을 소집한 것에 감사했어요. 평화회담은 세계 여러 나라에서 온 중요 인물들이 세계 평화의 가능성에 관해 논의한 만남이었지요. 린드그렌은 편지에서 전쟁을 두려워하는 모든 아이들의 이름으로 고르바초프에게 평화를 위해 최선을 다해 달라고 부탁했습니다. 린드그렌이 그 편지를 쓰게 된 것은 어떤 어린 소년의 편지를 받은 것이 계기가 되었기 때문이죠. 그 소년은 린드그렌에게 핵전쟁이 무섭다고 썼거든요.

고르바초프는 평화를 위해 온 힘을 다해 노력하겠다고 답장을 했지요.

 이런 일의 배경에는 제2차 세계대전 이후 등장한 거대한 두 강대국, 미국과 소련이 있었어. 세계 권력을 쥐고 싶었던 두 강대국은 무기로 무장했단다. 많은 무기를 만들어 냈고, 핵 로켓도 만들었지. 그것으로 지구 전체가 파괴될 수도 있었어. 미국과 소련은 핵 로켓을 가지고 서로를 위협했지. 또 서로 더 강한 나라가 되기 위해 가능한 한 많은 나라를 자기 편으로 끌어들이려고 했어. 그래서 이 시기에는 많은 사람들이 지구의 모든 생명을 없앨 수 있는 핵전쟁을 두려워했단다.

그 밖에 린드그렌은 난민 어린이를 위해서도 노력을 기울였습니다. 난민 어린이란 전쟁과 가난을 피해 홀로, 혹은 부모와 함께 스웨덴에 온 아이들이지요. 린드그렌은 이 아이들이 스웨덴에 머물 수 있도록 애를 썼고 필요한 경우에는 돈을 지원하기도 했답니다.

고마워요, 린드그렌

린드그렌은 나이가 많이 들었습니다. 몸이 지쳐 갔고, 가끔은 세상의 모습, 특히 굶주림과 폭력과 전쟁을 겪어야 하는 고난 속의 아이들을 보며 절망스러워하기도 했습니다.

눈은 더 이상 잘 보이지 않았어요. 두꺼운 안경을 껴야 했고, 돋보기가 있어야 책을 읽을 수 있었지요. 때로는 누군가가 책을 읽어 줘야 했는데 린드그렌은 다른 사람에게 의존하게 되는 것이 탐탁지 않았지요. 귀도 전보다 잘 들리지 않았고, 걷는 것도 점점 더 힘들어졌어요. 그리고 기억력도 더 이상 전처럼 좋지 않았어요. 어린 시절의 일들은 잘 기억할 수 있었지만 어제 저녁 식사로 무엇을 먹었는지는 자주 기억이 나지 않곤 했어요. 나이가 많이 들면 일어나는 일들이지요.

1983년 린드그렌은 아들과 함께 빙판이 된 거리에서 넘어지면서 심한 교통사고를 당했습니다. 아들은 다치지 않았고, 린드그렌은 뼈가 여러 군데 부러졌어요. 다시 회복이 되기는 했지만, 모든 것이 끝날 수도 있었다고 느끼지 않을 수 없었지요.

이어 1986년에 아들이 뇌종양으로 죽었습니다. 린드그렌은 너무나 슬펐습니다. 어떻게 자식이 부모보다 먼저 죽을 수 있는지 받아들이기 어려웠지요. 린드그렌은 몇 달 동안 고향의 농장에 머물며 아들의 죽음을 슬퍼했어요. 평생 동안 친하게 지내 왔던 친구들도 하나둘 세상을 떠났고, 이 또한 린드그렌에게는 힘든 일이었습니다.

전과 다름없이 주어지는 모든 상과 존경도 이제는 버거웠지요. 1994년, 흔히 대안 노벨상이라고 불리는 '바른 생활 상'을 수상했을 때도 린드그렌은, 그 상이 반은 장님에 반은 귀머거리에 완전히 제정신이 아닌 여인에게 돌아갔다고 이야기하기도 했답니다. 린드그렌은 그저 조용히 지내기만을 바랐지요.

 린드그렌은 『산적의 딸 로냐』 이후로 동화를 거의 쓰지 않았어. 책을 쓰는 일이 힘에 부쳤기 때문인지도 모르지. 하지만 린드그렌은 상상 속에서 여전히 동화를 썼단다.

아흔 번째 생일에 린드그렌은 말했답니다. 여전히 산책을 즐기기는 하지만, 아버지가 늙었을 때 말했던 것처럼 "이제 더 이상 뛰어다닐 수가 없다."고 말이에요. 린드그렌은 그날 하루를 친척들과 함께 보냈어요. 린드그렌을 존경하여 개최되는 행사에는 참석하지 않았지요.

딸 카린은 다행히 자주 린드그렌의 곁에 있으면서 요리를 하거나 시장 보는 일을 도왔어요. 죽음은 두렵지 않았습니다. 린드그렌은 이

노년에도 린드그렌은 여전히 즐겨 웃었습니다.

렇게 말했어요. "가까운 친구들이 하나씩 죽는다는 것은 정말 너무나 슬픈 일이에요. 하지만 내 자신이 죽는 것에는 전혀 이의가 없어요. 오히려 그 반대죠. 지금 당장 죽는 것만 아니면 됩니다. 하지만 토요일이라면 딱 맞을 것 같네요."

그리고 아흔네 번째 생일에 선물로 바란 것은 "세계 평화와 예쁜 옷"이었답니다. 린드그렌이 끝까지 자신만의 유머를 잃지 않았다는 것을 알 수 있지요. 린드그렌은 여전히 즐겨 웃었고 농담을 좋아했고, 인터뷰를 할 때는 원래 말하려고 하던 것을 거꾸로 말하곤 했습니다. 그리고 여전히 노래하는 것을 좋아했어요.

그러다 아흔네 번째 생일이 얼마 지나지 않아 린드그렌은 감기에

린드그렌을 추모하는 스웨덴 어린이들

걸려 침대에 누워야 했습니다. 2002년 1월 28일 린드그렌은 스톡홀름의 집에서 세상을 떠났습니다. 딸 카린은 린드그렌이 '편안히 잠들었다'고 말했어요.

그날 우리 모두는 가장 사랑하는 동화 작가를 잃었지요.

3월 8일, 스톡홀름에서 장례식이 치러졌습니다. 하얀 관이 백 년 된 마차에 실려 거리를 지나는 동안 긴 장례 행렬이 뒤를 따랐지요. 관 위에는 린드그렌이 좋아하던 빨간 장미꽃이 놓였어요. 수만 명의 사람들이 말없이 길가에 서서 린드그렌과 작별을 했지요. 많은 사람들이 눈물을 흘렸어요. '고마워요, 아스트리드'라고 쓴 현수막을 높이 든 사람들도 있었습니다.

추도식은 텔레비전으로 방송되었습니다. 어떤 시민은 '린드그렌은 사람들의 영혼을 어루만져 주었기 때문에 어떤 정치가와 왕보다 더 중요한 사람이었다'고 말했고, 이 말은 스웨덴의 신문에 실렸답니다. 대성당에서 열린 미사에는 스웨덴의 왕과 여왕, 왕위를 이을 빅토리아 공주, 그리고 스웨덴 정부 인사들이 거의 모두 참석했지요.

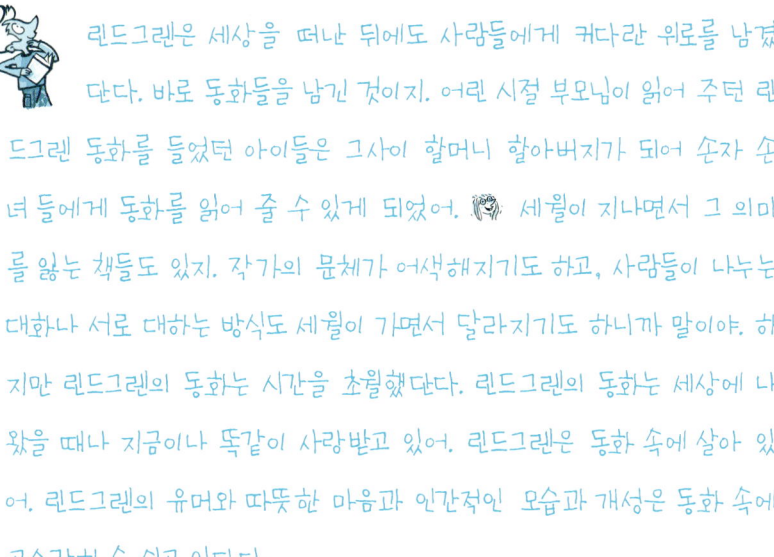
린드그렌은 세상을 떠난 뒤에도 사람들에게 커다란 위로를 남겼단다. 바로 동화들을 남긴 것이지. 어린 시절 부모님이 읽어 주던 린드그렌 동화를 들었던 아이들은 그사이 할머니 할아버지가 되어 손자 손녀 들에게 동화를 읽어 줄 수 있게 되었어. 세월이 지나면서 그 의미를 잃는 책들도 있지. 작가의 문체가 어색해지기도 하고, 사람들이 나누는 대화나 서로 대하는 방식도 세월이 가면서 달라지기도 하니까 말이야. 하지만 린드그렌의 동화는 시간을 초월했단다. 린드그렌의 동화는 세상에 나왔을 때나 지금이나 똑같이 사랑받고 있어. 린드그렌은 동화 속에 살아 있어. 린드그렌의 유머와 따뜻한 마음과 인간적인 모습과 개성은 동화 속에 고스란히 숨 쉬고 있단다.

아스트리드 린드그렌의 묘비

린드그렌의 삶이 우리에게 준 것들

아스트리드 린드그렌은 아주 특별한 사람이었어요. 어떤 점이 특별했을까요?

🦁 보통 사람들과 다른 용기가 있었습니다.

🦁 평생 동안 호기심이 많았고 마음이 열려 있었습니다. 린드그렌은 이 세상에 어떤 일이 생기는지 알고 싶어 했습니다. 어린이라면 그런 것이 당연하겠지만, 많은 어른들이 이 호기심과 열린 마음을 언젠가는 잃게 되지요. 그러고는 세상이 어떤지 이미 다 알고 있다고 생각합니다.

🦁 지혜롭고 용감했습니다. 린드그렌은 언제나 사람들에게 자신의 의견을 말했어요. 재무장관 같은 사람이 그를 조롱해도 말이에요.

🦁 자립적이고 독립적이었습니다. 린드그렌은 19살에 아무도 없이 혼자 아기를 가진 채 스톡홀름으로 갔지요. 앞으로 어떻게 될지

알지도 못하고 말이에요. 그리고 혼자서 해 냈지요. 그것은 항상 린드그렌에게 "기운 내고 계속해!" 하고 말하던 엄마에게 배운 것이었습니다. 린드그렌은 신세를 한탄하지 않고 다른 사람에게 자신의 운명을 책임 지우지도 않았어요. 대신 자신의 인생을 스스로 책임졌지요.

🧒 유머가 있었고, 웃기를 좋아했고, 동화에서뿐 아니라 실제 생활에서도 농담하기를 즐겼습니다. 유머는 린드그렌을 도와주었지요. 힘든 일을 이겨 낼 수 있게 했고요.

🧒 평화를 사랑했습니다. 린드그렌은 동화 속에서 폭력과 불의를 경험하는 것은 어떤 것인지, 그리고 어린이로서 그것을 어떻게 다룰 수 있는지 계속해서 썼답니다. 자신의 길을 가며 용기를 갖는다는 것, 그리고 폭력에 저항하면서 스스로는 폭력을 사용하지 말아야 한다는 것에 관해 늘 썼지요. 가끔은 그것이 도저히 불가능해 보여도 말이에요.

🧒 늘 의문을 던졌고, 나쁜 일을 눈앞에 보았을 때는 아무리 슬퍼도 외면하지 않았습니다. 린드그렌은 이 슬픔과 분노에 관해서도 아름다움과 자유, 즐거움, 놀이의 재미, 포근함, 사랑에 관해 쓴 것과 똑같이 동화 속에 썼답니다.

어린이들에게 책을 읽어 주는 린드그렌

🦁 언제나 아이들에게 관심이 많았습니다. 린드그렌은 아이들을 이해했고 진지하게 대했습니다. 어른들은 대부분 그렇게 하지 못하지요. 린드그렌은 아이들이 얼른 어른이 되는 것을 배우기를 원하지 않았어요. 아이들을 아이들의 모습 그대로 사랑했고 존중했지요.

🦁 판타지, 자유, 재미, 자유분방한 무질서가 아이들의 삶에 중요하다는 것을 보여 주었습니다.

🧒 동화에서 부모에게 당돌한 아이들의 모습을 그렸습니다. 하지만 동화 속의 부모들은 화를 내지 않고, 아이들에게 상냥하게 대하며 인내심이 많지요. 아이에게 린드그렌 동화를 읽어 주는 부모들은 이런 부모의 모습을 보고 배울 수 있었답니다.

🧒 공감하고 동정하는 마음이 컸습니다. 린드그렌은 좋지 않은 상황에 있는 아이들과 어른들, 가난한 사람들, 외국인, 부당하게 취급받는 사람들, 학대받는 동물, 그 모두의 마음을 함께 느꼈고 그들을 위로하고 도우려고 애썼지요.

그래요, 린드그렌은 아주 특별한 사람이었지요. 린드그렌 자신은 그저 스몰란드의 소박한 농부의 딸일 뿐이라고 말했지만 말이에요.
어때요, 여러분. 이제 린드그렌에 대해 잘 알 것 같나요? 그럼 다음 질문들에 답을 할 수 있을 거예요. 이 질문들은 린드그렌이 인터뷰에서 가장 자주 받았던 질문들이랍니다.

🧒 어디에서 글감을 얻나요?
🧒 어떻게 '삐삐 롱스타킹' 이야기를 떠올렸나요?
🧒 어떻게 작가가 되었나요?
🧒 '떠들썩한 마을'은 정말 있나요?

🧑 어린 시절이 '떠들썩한 마을'의 아이들과 비슷했나요?
🧑 왜 아이들을 위해 책을 쓰나요?
🧑 어른들을 위해서도 글을 쓴 적이 있나요?

린드그렌과 그의 작품에 대해 더 알고 싶다면, 아래 인터넷 사이트를 방문해 보세요.

🧑 WWW.ASTRIDLINDGREN.SE
아스트리드 린드그렌 공식 홈페이지

🧑 WWW.JUNIBACKEN.SE
스톡홀름에 있는 아스트리드 린드그렌 박물관 '유니바켄' 홈페이지

🧑 WWW.ALV.SE
빔메르뷔에 있는 놀이공원 '아스트리드 린드그렌 월드' 홈페이지

 ## 린드그렌 동화에서 찾은 멋진 말들

"왜 뒤로 걷느냐고? 여긴 자유로운 나라잖아. 자기가 걷고 싶은 대로 걸으면 안 되는 법 있어?" _『삐삐 롱스타킹』의 삐삐

"내 인생에서 책은 가장 중요한 것이야. 책이 없다는 건 한마디로 상상도 할 수 없어." _『브리트 마리는 마음이 가벼워졌어요』의 브리트 마리

"똑같은 사람인데 어떤 사람들은 그 사람을 크다고 생각하고, 또 어떤 사람들은 그 사람을 작다고 생각하면, 그 사람은 진실한 사람이야."
_『우리는 모두 떠들썩한 마을의 아이들』의 리사

"나 좀 이상해. 할 줄 아는 게 너무 많아!" _『말썽꾸러기 거리의 로타』의 로타

"에이 뭐, 이런 일이 위대한 정신을 방해하진 않아."
_『릴레브로르와 지붕 위의 칼손』의 칼손

"털옷에 든 벼룩이 징징거린다고 없어지진 않아. 벌떡 일어나서 뭐라도 해 봐!" _『산적의 딸 로냐』의 로비스

덧붙이는 설명

*우리나라 독자들의 이해를 돕기 위해 편집자가 붙인 주석입니다.

❶ 이 책은 우리나라에서 『지붕 위의 카알손』으로 옮겨져 나왔습니다.

❷ 같은 제목의 원작 동화가 우리나라에서 『에밀은 사고뭉치』로 옮겨져 나왔습니다.

❸ 같은 제목의 원작 동화가 우리나라에서 『떠들썩한 마을의 아이들』로 옮겨져 나왔습니다.

❹ '로타 Lotta' 시리즈의 배경이 된 동네 이름. 우리나라에서는 책마다 '트집쟁이 거리' '시끌벅적 거리' '말썽꾸러기 마을'과 같이 조금씩 다르게 옮겼습니다.

❺ '명탐정 블롬크비스트 Mästerdetektiven Blomkvist' 시리즈에 나오는 패거리 이름. 이 시리즈는 우리나라에서 『소년 탐정 칼레 1~3』으로 옮겨져 나왔습니다.

❻ '에밀 Emil' 시리즈의 등장인물. 에밀의 집에서 일하는 하인이자 에밀의 가장 친한 친구입니다.

❼ 『말썽꾸러기 거리의 로타 Lotta på Bråkmakargatan』에 나오는 이 이야기는 우리나라에서 『나, 이사 갈 거야』로 따로 옮겨져 나왔습니다. 베리 아줌마는 '로타' 시리즈의 등장인물로, 우리 책에는 베르크 이모, 베르이 아주머니 등으로 옮겨졌습니다.

❽ 동화집 『카이사 카바트 Kajsa Kavat』에 실린 단편 동화 「펠레는 콤푸센보로 가다 Pelle flyttar till Komfusenbo」에 나오는 이야기입니다. 우리 책 『난 뭐든지 할 수 있어』에 '펠레의 가출'이라는 제목으로 실려 있습니다.

❾ 이 책은 우리나라에서 『사라진 나라』로 옮겨져 나왔습니다.

❿ '마디켄 Madicken' 시리즈는 우리나라에서 '마디타' 시리즈로 옮겨져 나왔습니다. 『마디타』『마디타와 리사벳』들이 있습니다.

⓫ 이 책은 우리나라에서 『내 이름은 삐삐 롱스타킹』으로 옮겨져 나왔습니다.

⓬ 『미오, 나의 미오』에 나오는 지명.

⑬ 이 책은 우리나라에서 『라스무스와 방랑자』로 옮겨져 나왔습니다.

⑭ 이 책은 우리나라에서 『사자왕 형제의 모험』으로 옮겨져 나왔습니다.

⑮ 이 책은 우리나라에서 『마법의 섬 살트크로칸』으로 옮겨져 나왔습니다.

⑯ 우리 책 『엄지 소년 닐스』에 실린 「어스름 나라에서」에서는 '백합줄기 아저씨'로 옮겼습니다.

⑰ 이 책은 우리나라에서 『엄지 소년 닐스』로 옮겨져 나왔습니다.

⑱ 이 책에 실린 작품들은 우리 책 『난 뭐든지 할 수 있어』에서 찾아볼 수 있습니다.

⑲ 이 책은 우리나라에서 『말썽꾸러기 로타』로 옮겨져 나왔습니다.

⑳ '물론 로타는 거의 뭐든지 할 수 있어 Visst kan Lotta nästan allting'라는 책 제목을 빗댄 말입니다. 이 작품은 우리 책 『난 뭐든지 할 수 있어』에 같은 제목으로 실려 있습니다.

㉑ 이 책은 우리나라에서 『라스무스와 폰투스』로 옮겨져 나왔습니다.

㉒ 린드그렌의 공식적인 마지막 책은 1993년에 나온 『크리스마스 휴가는 좋은 생각이야, 라고 마디켄이 말하다 Jullov är ett bra påhitt, sa Madicken』이며, 그 뒤에도 앞서 나온 작품들을 다시 엮은 책이 몇 권 출간되었습니다. 하지만 많은 사람들이 『산적의 딸 로냐』를 린드그렌의 마지막 걸작으로 여깁니다.

찾아보기

*이 책에 나온 작품들의 원 제목을 출간 순서로 정리하고, 우리나라에서 옮겨진 제목을 함께 적었습니다.
*한 가지 책이 서로 다른 제목으로 여러 권 나온 경우, 현재 가장 널리 읽히는 책 제목을 적었습니다.

Britt-Mari lättar sitt hjärta(브리트 마리는 마음이 가벼워졌어요), 1944

Pippi Långstrump(삐삐 롱스타킹), 1945
내 이름은 삐삐 롱스타킹

Kerstin och jag(셰르스틴과 나), 1945

Alla vi barn i Bullerbyn(우리는 모두 떠들썩한 마을의 아이들), 1946
떠들썩한 마을의 아이들

Mästerdetektiven Blomkvist(명탐정 블롬크비스트), 1946
소년 탐정 칼레 1 : 초대하지 않은 손님

Nils Karlsson Pyssling(엄지 소년 닐스 칼손), 1949
엄지 소년 닐스

Kati i Amerika(미국에 간 카티), 1950
바다 건너 히치하이크 : 미국에 간 카티

Kajsa Kavat(카이사 카바트), 1950

Mästerdetektiven Blomkvist lever farligt(명탐정 블롬크비스트의 위험한 생활), 1951
소년 탐정 칼레 2 : 위험에 빠진 에바 로타

Kati på Kaptensgatan(선장 거리의 카티. 나중에 '이탈리아에 간 카티 *Kati i Italien*'로 제목이 바뀝니다), 1952
베네치아의 연인 : 이탈리아에 간 카티

Kati i Paris(파리에 간 카티), 1953
아름다운 나의 사람들 : 프랑스에 간 카티

Mio, min Mio(미오, 나의 미오), 1954
미오, 나의 미오

Lillebror och Karlsson på taket(릴레브로르와 지붕 위의 칼손), 1955
지붕 위의 카알손

Rasmus, Pontus och Toker(라스무스와 폰투스와 토케르), 1957
라스무스와 폰투스

Madicken(마디켄), 1960
마디타

Lotta på Bråkmakargatan(말썽꾸러기 거리의 로타), 1961
말썽꾸러기 로타

Emil i Lönneberga(뢴네베리아의 에밀), 1963
에밀은 사고뭉치

Vi på Saltkråkan(우리는 살트크로칸에서), 1964
마법의 섬 살트크로칸

Nya hyss av Emil i Lönneberga(뢴네베리아의 에밀의 새로운 장난), 1966

Än lever Emil i Lönneberga(뢴네베리아의 에밀이 아직 살아 있어요), 1970

Bröderna Lejonhjärta(사자왕 형제), 1973
사자왕 형제의 모험

Samuel August från Sevedstorp och Hanna i Hult(세베드스토르프의 사무엘 아우구스트와 훌트의 한나), 1975
사라진 나라

Madicken och Junibackens Pims(마디켄과 유니바켄스 핌스), 1976
마디타와 리사벳

Ronja Rövardotter(산적의 딸 로냐), 1981
산적의 딸 로냐

Skinn Skerping : Hemskast av alla spåken i Småland(스몰란드에서 가장 무서운 유령 신셰르핑), 1986

I skymningslandet(어스름 나라에서), 1994

사진 제공
연합뉴스, Scanpix Sweden, AKG Berlin
저작권을 찾지 못한 사진은 지작권지기 확인되는 대로 사용료를 지불하겠습니다.

Astrid Lindgren. WER IST DAS?

By Katrin Hahnemann, illustrated by Uwe Mayer

ⓒ 2011 Bloomsbury Verlag GmbH, Berlin
Korean Translation Copiright ⓒ 2012 by Hankyoreh Children's Books
All rights reserved.

The Korean Language edition published is by arrangement with
Bloomsbury Verlag GmbH through MOMO agency, Seoul.

이 책의 한국어판 저작권은 모모 에이전시를 통해 Bloomsbury Verlag GmbH 사와의 독점 계약으로 한겨레출판(주)에 있습니다.
저작권법에 의해 한국 내에서 보호를 받는 저작물이므로 무단전재와 무단복제를 금합니다.

어린이를 위한 새로운 인물 돋보기
한겨레 인물탐구

01 **김구** 아름다운 나라를 꿈꾸다
청년백범 글 | 박시백 그림

02 **간디** 폭력을 감싸 안은 비폭력
카트린 하네만 글 | 우베 마이어 그림 | 김지선 옮김

03 **다윈** 세상을 뒤흔든 놀라운 발견
카트린 하네만 글 | 우베 마이어 그림 | 김지선 옮김

04 **마틴 루터 킹** 검은 예수의 꿈
카트린 하네만 글 | 우베 마이어 그림 | 김지선 옮김

05 **전태일** 불꽃이 된 노동자
오도엽 글 | 이상규 그림

06 **제인 구달** 침팬지의 용감한 친구
카트린 하네만 글 | 우베 마이어 그림 | 윤혜정 옮김

07 **윤동주** 별을 노래하는 마음
정지원 글 | 임소희 그림

08 **린드그렌** 삐삐 롱스타킹의 탄생
카트린 하네만 글 | 우베 마이어 그림 | 윤혜정 옮김

09 **공병우** 한글을 사랑한 괴짜 의사
김은식 글 | 이상규 그림

10 **체 게바라** 불가능을 꿈꾼 혁명가
오도엽 글 | 이상규 그림

11 **김대중** 행동하는 양심
손홍규 글 | 김홍모 그림

12 **헬렌 켈러** 세상을 밝힌 작은 거인
윤해윤 글 | 원혜진 그림

13 **방정환** 어린이 세상을 꿈꾸다
오진원 글 | 김금숙 그림

계속 나옵니다.